VoG Verlag ohne Geld e.K.

n.17

Ada Zapperi Zucker ist in Catania (Sizilien) geboren. In Rom hat sie mit dem Gesang- und Klavierstudium begonnen und an der Musikhochschule Wien beendet. Gleichzeitig hat sie für das *Dizionario Biografico degli italiani* des *Istituto Treccani*, die *Enciclopedia dello Spettacolo* und an der *Enciclopedia Universo De Agostini* gearbeitet. Ihre sängerische Karriere ist hauptsächlich außerhalb Italiens abgelaufen. Sie unterrichtet Gesang in Deutschland und in Südtirol.
Von dem Südtiroler Maler Gotthard Bonell wurde sie in Malerei unterrichtet.

Ada Zapperi Zucker è nata a Catania. A Roma ha iniziato gli studi di canto e pianoforte per poi concluderli alla Musikhochschule di Vienna. Nello stesso tempo ha collaborato per il Dizionario Biografico degli italiani dell'Istituto Treccani, all'Enciclopedia dello Spettacolo e all'Enciclopedia Universo De Agostini. Cantante lirica, ha svolto la sua attività prevalentemente all'estero. Insegna canto in Germania e in Sudtirolo.
Con Gotthard Bonell ha studiato pittura.

Ihre Veröffentlichungen haben verschiedene nationale und internationale Preise bekommen, die wichtigsten sind:
I suoi scritti letterari hanno ottenuto vari riconoscimenti nazionali e internazionali, i più importanti sono:

2017	Menzione d'onore *Casentino*, per il romanzo *La casa del nonno*
2015	Primo Premio *San Domenichino* per i racconti *La cucchiara*
2012	Primo Premio *Casentino,* per il romanzo *Teatro di ombre*
2012	Premio *Stiftung Kreatives Alter, Zürich* per i racconti *Le inquietudini della sora Elsa*
2011	Primo Premio *Chianti,* per il romanzo *Il silenzio*
2008	Primo Premio *Giovanni Gronchi,* per i racconti *La scuola delle catacombe*

Erste Auflage / Prima Edizione 5-2018
Zweite Auflage / Seconda Edizione 7-2018

ISBN 978-3-943810-20-2

Registergericht München HRA 99261
www.verlagohnegeld.de
Gesamtgestaltung / Impaginazione: Heinz Weih
Deutsches Lektorat: Bärbel Yücel
Editing italiano: Fabio Zamboni

Umschlagbild / In copertina: Ada Zapperi,
Peripezie geometriche, 1994

Ada Zapperi Zucker

Liebe und andere Verdrießlichkeiten

Zweisprachige Erzählungen

Deutsch von Dominikus Andergassen

Amori e altre peripezie

Racconti in due lingue

Amore e politica

La Roma degli anni Cinquanta era divisa in due schieramenti politici: la destra, cioè i fascisti di qualche anno prima, ancora presenti e assai rumorosi, e i comunisti, polemici e in qualche modo pieni di sussiego, perché ogni intellettuale che si rispettava doveva essere per forza di sinistra, cioè progressista. E questo anche dopo il '53, quando ancora al Liceo Visconti e altrove si ripeteva la frase „adda venì Baffone[1]", nonostante Baffone fosse morto e sepolto, mentre man mano si scoprivano certi retroscena a dir poco allucinanti, tenuti accuratamente nascosti dai politici di sinistra che avevano anche vissuto molti anni nell'Unione Sovietica. Praticamente a occhi chiusi.

Leda, nonostante un'estrema timidezza, era stata più di una volta al centro di piccoli scontri con compagni di scuola, di chiaro stampo fascista. Agli scherzi pesanti dei maschi della sua classe, dovuti in parte al suo accento meridionale, ma forse più al carattere di bastian contrario che già allora si ritrovava, si univano ora anche aperte allusioni ai diversi orientamenti politici. La morte di Stalin aveva dato ai compagni maggiori possibilità di attacchi e derisioni di ogni genere: era chiaro il desiderio di un rapporto più ravvicinato con lei, ragazzina sdegnosa, è vero, ma molto carina.

Nel '56, poi, le discussioni fra i giovani che frequentavano la sua casa raggiunsero il loro acme: i carri armati a Buda-

---

[1]Soprannome di Stalin.

Liebe und Politik

Das Rom der fünfziger Jahre war in zwei politische Lager gespalten: die Rechte, das heißt die Faschisten der Jahre zuvor, noch präsent und ziemlich lautstark, und die Kommunisten, polemisch und auf irgend eine Art voller Gravität, weil jeder Intellektuelle, der etwas auf sich hielt gezwungenermaßen links, beziehungsweise fortschrittlich zu sein hatte. So war es auch nach 1953, als im Visconti-Lyzeum und anderswo noch die Devise Verbreitung fand: „a da venì Baffone", was soviel heißt wie, „da bräuchte es Stalin", obwohl der bereits tot und begraben war, während nach und nach gewisse, gelinde gesagt haarsträubende Hintergründe ans Tageslicht kamen, die von den linken Politikern, die teilweise jahrelang in der Sowjetunion gelebt hatten, sorgfältig verschwiegen wurden. Praktisch lebten sie mit geschlossenen Augen.

Leda, obwohl äußerst schüchtern, war mehr als einmal im Mittelpunkt kleiner Zusammenstöße mit Schulkameraden eindeutig faschistischer Gesinnung gestanden. Zu den deftigen Anspielungen der männlichen Klassenkameraden, die teilweise mit ihrem süditalienischen Akzent, vielleicht aber auch eher mit ihrem aufmüpfigen Charakter zu tun hatten, gesellten sich jetzt auch offene Anspielungen auf unterschiedliche politische Einstellungen. Stalins Tod hatte den Klassenkameraden weitere Gelegenheiten für Angriffe und Verhohnepiepelungen jeder Art geboten: der Wunsch nach einer größeren Nähe zu ihr, einem zwar unnahbaren, aber doch sehr hübschen Mädchen, war offensichtlich.

Im Jahr 1956 dann erreichten die Diskussionen unter den Jugendlichen, die in ihrer Wohnung verkehrten ihren Höhepunkt: die Panzer in Budapest, tausende Tote, die ei-

pest migliaia di morti, la mano di ferro dell'Unione Sovietica contro i paesi satelliti, il si sa e non si sa. I commenti, i casi di coscienza: rinunciare alla tessera del partito comunista o continuare a frequentare la cellula? Temi assai inquietanti che occupavano interi pomeriggi. Leda ascoltava senza mai intervenire. Rifletteva sui discorsi dei giovani più grandi di lei e il loro disorientamento diventava anche il suo. Restava però una base, forse ereditata dal padre, socialista della prima ora, cioè da prima della venuta del fascismo in Italia: mai sarebbe passata alla destra. Inoltre proprio in quel periodo altri assilli, altre inquietudini occupavano la sua giovane anima: quale direzione avrebbe preso la sua vita: studi universitari o altro?

A questo si aggiungeva un dolore, il primo dolore lacerante: il suo amatissimo gatto, Kirili Nicolajevic, doveva essere più o meno eliminato. La madre Nicola, che erroneamente era stata scambiata per maschio, qualche tempo prima aveva dato in smanie e un bel giorno era saltata dalla finestra nel cortile della casa dove un delinquente, un gatto mafioso, l'aveva chiamata con insistenza, giorno e notte con urli disumani. Lei aveva ceduto, anzi per lui si era letteralmente buttata dalla finestra! Quel malandrino, in quattro e quattr'otto, era riuscito a metterla incinta. Il risultato di questo folle amore furono una quantità di gattini che per chiari motivi non potevano restare in una normale casa di città. Largo Argentina era e continua a essere un gattile di antichissime tradizioni, risalente addirittura alla Roma Imperiale. Un bel giorno vi furono portati madre e figli, lasciandone uno, per non desolare la già disperata Leda, appunto Kirili Nicolajevic. Ora, anche lui adulto, aveva cominciato a distruggere la casa: il divano e le poltrone di pelle marrone del salotto erano ormai ridotte a brandelli, al punto che il padre si vergognava di ricevervi i suoi amici. Per i

serne Faust der Sowjetunion in den Satellitenstaaten, das Man-weiß, Man-weiß-nicht. Die Kommentare, die Gewissensfrage: auf den Parteiausweis verzichten oder weiterhin zu den Versammlungen gehen? Ziemlich beunruhigende Themen, die ganze Nachmittage ausfüllten. Leda hörte zu, ohne je mitzureden. Sie dachte über die Diskussionen der Jugendlichen nach, die etwas älter als sie waren und deren Desorientierung auch die ihre wurde. Es blieb aber eine Basis, vielleicht von ihrem Vater geerbt, Sozialist der ersten Stunde, das heißt, noch bevor der Faschismus in Italien auftauchte: niemals würde sie zur Rechten wechseln. Zudem beschäftigten in jener Zeit andere Sorgen, anderes Unbehagen ihre junge Seele: in welche Richtung sollte ihr weiteres Leben verlaufen, Universitätsstudium oder doch etwas anderes?

Dazu kam noch der Schmerz, der erste zerreißende Schmerz: ihre geliebte Katze, Kirili Nikolajewitsch, musste eliminiert werden. Die Mutter, Nicola, die irrtümlicherweise für einen Kater gehalten wurde, hatte vor einiger Zeit die Beherrschung verloren und war eines Tages vom Fenster in den Innenhof hinuntergesprungen, von wo aus ein Verbrecher, ein mafiöser Kater, unaufhörlich, Tag und Nacht mit unmenschlichen Lauten nach ihr gerufen hatte. Sie hatte nachgegeben, das heißt, für ihn hatte sie sich buchstäblich aus dem Fenster gestürzt. Der Nichtsnutz hatte sie in Nullkommanichts geschwängert. Das Ergebnis dieser wahnsinnigen Liebe war ein Korb voller Kätzchen gewesen, die aus offensichtlichen Gründen nicht in einer normalen Stadtwohnung bleiben konnten. Largo Argentina war und bleibt ein Katzenplatz mit uralten Wurzeln, die sogar bis ins Rom der Cäsaren zurückreichen. Eines schönen Tages wurden Mutter und Nachwuchs dorthin gebracht; nur eines, eben Kirili Nikolajewitsch blieb zurück, als Trost für die eh' schon verzweifelte Leda. Jetzt, da auch er erwachsen war, hatte er begonnen die Wohnung zu zerstören; das Sofa und die Polster-

giovani che venivano, interessati solo alla bottiglia di Cognac sempre pronta e non certo all'estetica dei divani, ma soprattutto alle accese discussioni politiche, erano buoni abbastanza. Ma anche i tappeti, un vaso cinese probabilmente di inestimabile valore era andato in pezzi, e infine tutta la casa aveva un inconfondibile odore di pipì di gatto che si cercava inutilmente di eliminare con vari deodoranti. Basta. Anche Kirili Nicolajevic doveva essere portato a Largo Argentina. Leda piangeva giorno e notte e la rivolta di Budapest acquistava per lei un significato alquanto relativo.

Qualche anno dopo queste tristi vicende, la sera dell'ultimo dell'anno, Valentina, l'amica del cuore, la invitò a una festa insieme al suo fidanzato: allora si chiamava così il moroso. Questo fidanzato era un giornalista apolitico, cioè lavorava all'Ansa, Associazione Nazionale Stampa Associata, che dall'inizio del 1945 aveva sostituito l'organizzazione fascista. Lui affermava di non essere allineato con nessun Partito, cosa che gli permetteva di contattare sia politici che giornalisti di diversi orientamenti.

Durante la festa, in cui non accadeva niente, eccettuato qualche brindisi, un lancio di coriandoli, e altre banalità del caso, si ballava moltissimo e ovviamente si flirtava senza interruzione.

Leda non ballava. Seduta in un angolo, assisteva a questo spettacolo piuttosto annoiata. Più di un giovane si avvicinò per invitarla a ballare ricevendo sempre un cortese rifiuto: non amava ballare e sarebbe stato assai difficile spiegarne i motivi, perché non lo sapeva lei stessa.

sessel im Wohnzimmer, mit braunem Leder überzogen, waren derart zerfetzt, dass sich der Vater schämte seine Freunde einzuladen. Für die Jugendlichen aber, die vorbeikamen und nur an der immer bereitstehenden Cognacflasche interessiert waren und nicht am Zustand des Sofas, vor allem aber an den aufgeheizten politischen Diskussionen, war das Mobiliar gut genug. Aber auch die Teppiche, eine chinesische Vase von wahrscheinlich unschätzbarem Wert hatten daran glauben müssen, und schließlich hatte die ganze Wohnung diesen unverkennbaren Geruch nach Katzenpisse angenommen, dem sie mit verschiedenen Raumsprays vergeblich versucht hatten beizukommen. Schluss! Auch Kirili Nikolajewitsch musste am Largo-Argentina-Platz ausgesetzt werden. Leda weinte Tag und Nacht und der Aufstand in Budapest hatte für sie eine relative Bedeutung.

Einige Jahre nach diesen traurigen Ereignissen, lud Valentina, ihre beste Freundin, und deren Verlobter sie zu Silvester zu einem Fest ein. Dieser Verlobte war ein unpolitischer Journalist, das heißt, er arbeitete für die ANSA, die italienische Nachrichtenagentur, die seit Anfang 1945 die faschistische Agentur ersetzt hatte. Er behauptete, dass er keiner Partei angehöre und das ihm das ermögliche, sowohl Journalisten als auch Politiker verschiedenster politischer Ausrichtungen zu kontaktieren.

Während des Festes, bei dem nichts los war, außer einigen Trinksprüchen, Konfettis und anderen Banalitäten dieser Art, wurde viel getanzt und natürlich unaufhörlich geflirtet.

Leda tanzte nicht. In einer Ecke sitzend beobachtete sie ziemlich gelangweilt das Spektakel. Nicht nur ein junger Mann näherte sich ihr und versuchte, sie zum Tanz aufzufordern, aber alle handelten sich eine höfliche Ablehnung ein: sie tanzte nicht gerne und es wäre ziemlich schwierig gewesen, die Gründe dafür zu erklären, weil sie sie selbst nicht kannte.

Un giovane, forse trentenne, ben piantato e molto sicuro di sé, occupò la sedia accanto a lei, senza neanche chiederle di ballare

«Vedo che non balla. La osservo tutto il tempo e ogni persona che le si avvicina viene sistematicamente rifiutata.» Guardò il suo orologio. «Aspetterò fino alla mezzanotte... ancora un'ora e un quarto, poi sono certo che ballerà con me!» Ecco una provocazione, pensò lei, e sorrise divertita. Chi avrebbe vinto? Intanto lui intavolò una discussione sul ballo e non ballo:

«Due persone si incontrano, magari corre un filo di simpatia fra di loro e ballando possono conversare...»

«Si può conversare anche stando seduti o camminando.»

«È diverso. Ballando si sta molto vicini, si sente l'odore dell'altro... lei lo sa che il primo approccio avviene attraverso l'odore del corpo?»

«Lei parla di odore o di profumo?»

«No, non di profumo, sto parlando di odore, odore che ogni corpo umano emana... odore che da sempre, dall'età della pietra, ha unito o disunito le persone. Il primo segno di concordanza, di assonanza, se preferisce, ma anche di discordia, di dichiarata inimicizia.»

«Per spiegarci meglio: si balla per annusarsi? come fanno i gatti, i cani.»

«Non soltanto. È un primo approccio fisico molto importante: tenersi per mano, per esempio, un approccio tattile. Pensi alla possibilità di due mani che sudano in modo eccessivo... ma anche alla manina di bambina fiduciosa abbandonata in quella del padre o della mamma. Quanta fiducia è necessaria perché due mani si uniscano.»

«Io penso invece a certe manacce di uomo, ruvide, forzute... capaci di stritolare le mie povere mani come due noc-

Ein junger Mann, vielleicht dreißig, gutaussehend und sehr selbstbewusst setzte sich auf den Stuhl neben dem ihren, ohne sie um einen Tanz zu bitten.

»Ich sehe, dass Sie nicht tanzen. Ich beobachte Sie die ganze Zeit, und alle, die sich Ihnen nähern, werden systematisch abgewiesen.« Er sah auf seine Uhr. »Ich werde bis Mitternacht warten ... noch eineinviertel Stunden, dann, da bin ich mir sicher, werden Sie mit mir tanzen!« Schau an, eine Provokation, dachte sie und lachte vergnügt. Wer wird wohl gewinnen? Derweil fing er eine Diskussion über Tanzen und Nicht-Tanzen an.

»Zwei Menschen begegnen sich, vielleicht gibt es einen Hauch von Sympathie zwischen ihnen, und beim Tanzen können sie plaudern ...«

»Man kann auch plaudern während man geht oder sitzt.«

»Das ist anders. Beim Tanzen ist man sich viel näher, riecht man den Geruch des Anderen ... Wissen sie, dass die erste Annäherung über den Körpergeruch erfolgt ...«

»Reden Sie von Geruch oder Parfüm?«

»Nein, nicht von Parfüm, ich rede von Geruch, vom Geruch, den jeder menschliche Körper absondert ... dem Geruch, der seit jeher, seit der Steinzeit die Menschen zusammen oder auseinander gebracht hat. Das erste Zeichen von Übereinstimmung oder Assonanz, wenn Sie so wollen, aber auch von Zwietracht, erklärter Feindschaft.«

»Nur um besser zu verstehen: man tanzt, um sich zu beschnüffeln? So wie es die Katzen, die Hunde machen.«

»Nicht nur. Es ist eine erste, sehr wichtige körperliche Annäherung: sich an der Hand halten, zum Beispiel, ein taktiler Annäherungsversuch. Denken sie an die Möglichkeit zweier Hände, die übermäßig schwitzen ... aber auch an das Kinderhändchen, vertrauensselig in der Hand des Vaters oder der Mama ruhend. Wie viel Vertrauen ist notwendig, damit sich zwei Hände vereinen.«

»Ich hingegen denke an gewisse Männerhände, roh, klobig ... fähig meine armen Hände wie zwei Erdnüsse zu zer-

cioline americane!» E si mise a ridere pensando alle proprie mani come a due noccioline americane.

«Mi piace la sua risata... mi sembra una cascatella limpida di fonte o meglio una sequenza di campanellini d'argento. E le sue mani... nate per accarezzare!» Leda arrossì e abbassò gli occhi e guardò le mani „nate per accarezzare“! Poi lo fissò un momento e vide due occhi neri, intensi, penetranti. Sembrava in trance: che gli stava accadendo?.

«Posso chiederle come si chiama? anzi mi scuso di non essermi presentato: Marco Proietti e, come tutti qui, sono giornalista.»

«I miei genitori mi hanno chiamato Leda, non so perché. A volte penso che ognuno di noi dovrebbe avere almeno il diritto di scegliersi un nome da portare poi tutta la vita. All'inizio si potrebbe dare un nome limitato fino all'età della ragione, diciamo fino alla maggiore età e poi si avrebbe la libertà di scegliersi un nome più consono alla propria personalità.»

«Leda... Leda... era una ninfa o qualcosa del genere? Non c'era di mezzo un cigno?»

«Oh no, non era una ninfa. Lei non è bene informato! Leda era la moglie del re di Sparta, madre di Clitennestra ed Elena, due personaggi molto importanti come spero sappia: la prima sposò Agamennone ed Elena fu la rovina di Troia. Zeus si innamorò di Leda e per sedurla si trasformò in un cigno. Da questa unione nacquero i Dioscuri, Castore e Polluce.»

«Mi ha dato una bella lezione di mitologia greca. Grazie, Leda. A me piace molto il suo nome.» E intanto continuava a osservarla.

«Posso chiederle quanti anni ha...? mi sembra talmente giovane, direi fresca di scuola: è venuta sola, qui?»

quetschen!«, und sie lachte, während sie an ihre Hände wie Erdnüsse dachte.

»Ihr Lachen gefällt mir ... es kommt mir vor wie die klare Kaskade eines Brunnens oder besser wie eine Abfolge von Silberglöckchen. Und Ihre Hände ... zum Streicheln gemacht!« Leda errötete und senkte den Blick und sah die „zum Streicheln gemachten Hände“ an. Dann starrte sie ihn einen Moment lang an und sah zwei schwarze Augen, intensiv, penetrant. Er schien in Trance zu sein: was geschah mit ihm?

»Darf ich Sie fragen, wie Sie heißen? Ach, ich bitte um Entschuldigung, dass ich mich nicht vorgestellt habe: Marco Proietti, und wie alle hier, bin auch ich Journalist.«

»Meine Eltern haben mich Leda getauft, ich weiß nicht warum. Manchmal denke ich, dass jeder von uns zumindest das Recht haben sollte, einen Namen auszusuchen, den er dann sein ganzes Leben lang trägt. Am Anfang könnte man einen bis zur Volljährigkeit befristeten Namen vergeben und danach hätte man die Freiheit, einen der eigenen Persönlichkeit entsprechenden Namen zu wählen.«

»Leda ... Leda ... war eine Nymphe oder etwas von der Art? War das nicht ein Schwan involviert?«

»Oh nein, sie war keine Nymphe. Sie sind nicht gut informiert! Leda war die Gemahlin des Königs von Sparta, die Mutter von Klytämnestra und Helena, zwei sehr wichtige Persönlichkeiten, wie Sie wissen, hoffe ich. Erstere heiratete Agamemnon, und Helena war Trojas Ruin. Zeus verliebte sich in Leda und um sie zu verführen, verwandelte er sich in einen Schwan. Aus dieser Verbindung erwuchsen die Dioskuren Kastor und Pollux.«

»Sie haben mir eine schöne Lektion in griechischer Mythologie erteilt. Danke, Leda. Mir gefällt Ihr Name sehr.« Er beobachtete sie weiter.

»Darf ich Sie fragen, wie alt Sie sind ...? Sie kommen mir dermaßen jung vor, ich würde sagen, frisch von der Schule: sind Sie alleine hier?«

«Passata la mezzanotte sarò maggiorenne! Il 10 gennaio compio infatti ventun anni... e allora potrei cambiare nome! Mi libererei di questa Leda e...»

«Allora è del segno del Capricorno, proprio come me. Io sono nato il 16 gennaio, ma al contrario di lei compirò trentadue anni. Sono già vecchio per lei.»

Leda rise mostrando tutti i suoi trentadue denti, piccoli, bene in fila, quasi i dentini di una bambina. Lui sorrise soltanto, sempre più affascinato. Di lei gli piaceva tutto: il nasino, piccolo, birichino; gli occhi castani con qualche pagliuzza dorata, vivaci, anzi ridenti; la boccuccia un po' imbronciata, quasi un tratto naturale, con appena un filo di rossetto; i capelli di un biondo scuro, lunghi sulle spalle; le mani, piccole paffutelle, mani innocenti e si vedeva, come la fronte stessa, chiara, innocente; il resto del corpo che riusciva ad immaginare anche sotto il vestito elegante. Inebriante: le forme rotonde, appena uscite dall'infanzia, la pelle fresca, di certo odorosa di chissà quali profumi senza nomi precisi, misteriosi, infine tutto in lei lo incantava. Non riusciva più a restar fermo sulla sedia.

«Vorrei tanto rivederla, dopo. Il pensiero di perderla mi fa perdere la testa. Leda, un nome che mi sembra un destino... sto dicendo un mucchio di sciocchezze. Piuttosto vuol bere qualcosa? Vado un momento di là, nella stanza accanto c'è un magnifico buffet, magari vuol mangiare qualche tartina?» Leda rise di nuovo, no, non voleva niente, solo qualcosa da bere, ma senza alcol. Lui si alzò di scatto e partì come un fulmine. Fu fermato da un collega, dovette scambiare quattro chiacchiere, i soliti auguri di Buon Anno nuovo, qualche parola di circostanza, la testa altrove.

«Che ti succede? Mi sembri strano, scusami, ma non ti ho

»Nach Mitternacht werde ich volljährig sein! Am 10. Januar werde ich einundzwanzig … und dann könnte ich den Namen wechseln! Ich könnte mich von dieser Leda befreien und …«

»Dann sind auch Sie ein Steinbock, genau wie ich. Ich bin am 16. Januar geboren, aber im Unterschied zu Ihnen werde ich zweiunddreißig. Für Sie bin ich schon alt.«

Leda lachte und zeigte alle ihre zweiunddreißig Zähne, klein, schön aneinandergereiht, Kinderzähne beinahe. Er lächelte nur, immer mehr faszinierter. An ihr gefiel ihm alles: das kleine, spitzbübische Näschen, die lebhaften, das heißt lächelnden, kastanienbraunen Augen mit den strohgoldenen Spritzern, der kleine Schmollmund, beinahe ein natürliches Merkmal, mit einem Hauch Lippenstift, die dunkelblonden, schulterlangen Haare, die kleinen, ein wenig pummeligen Hände, unschuldige Hände, man sah es; wie auch die Stirn, hell, unschuldig; der Rest des Körpers, den er sich auch unter dem eleganten Kleid vorzustellen vermochte. Berauschend: die rundlichen Formen, gerade der Kindheit entwachsen, die frische Haut, gewiss nach, wer weiß welchem, geheimnisvollen, namenlosen Parfüm riechend und schlussendlich bezauberte ihn alles an ihr. Er hielt es nicht mehr ruhig auf seinem Stuhl aus.

»Ich würde Sie gerne nachher wiedersehen. Der Gedanke, Sie zu verlieren macht mich verrückt. Leda, ein Name, der mir ein Schicksal zu sein scheint … ich rede eine Menge Unsinn daher. Möchten Sie etwas trinken? Ich gehe einen Augenblick nach drüben; im Nebenzimmer ist ein wunderbares Buffet angerichtet, vielleicht möchten Sie das eine oder andere Brötchen?« Leda lachte erneut, nein, sie wollte nichts, nur etwas zu trinken, aber keinen Alkohol. Er sprang auf und lief los wie der Blitz. Er wurde von einem Kollegen aufgehalten, musste ein paar Floskeln austauschen, die üblichen Neujahrswünsche, einige belanglose Worte, die Gedanken ganz woanders.

»Was ist los mit dir? Du kommst mir eigenartig vor, ent-

mai visto così. Ti sei preso una scuffia bella e buona eh...» Marco aveva fretta di tornare dalla ragazza. Si congedò senza neanche rispondere, lasciando l'altro di stucco. Cercò febbrilmente qualche succo di frutta, un prosecco per se stesso e corse nella sala dove si ballava freneticamente un ballo sudamericano. Non riuscì ad attraversare le coppie, alcuni amici anzi si mettevano in mezzo per prenderlo in giro. Finalmente ecco il posto in cui aveva lasciato la ragazza: una coppia sconosciuta sedeva lì e si sventolava per il caldo. Chiese in giro della ragazza che era stata seduta fino a pochi minuti su una di quelle sedie.

«Veramente qui non era seduta nessuna ragazza.» Arrivò la risposta piuttosto irritata del giovanotto. Leda non c'era più. La cercò dappertutto, sempre con i due bicchieri in mano, bussò perfino alla porta del bagno per accertarsi che non fosse andata lì per un bisogno del tutto naturale. Niente. Era sparita. Gli venne in mente una canzone assai popolare negli anni Quaranta, „Dove sta Zazà" che raccontava appunto di una ragazza di nome Zazà, sparita durante una festa e cercata disperatamente dal suo innamorato, di nome Isaia.

Una mattina di primavera, forse non proprio di primavera, perché a Roma quasi ogni giorno c'è il sole, il cielo azzurro, l'aria tiepida, e questo può accadere anche in febbraio-marzo, una telefonata mattutina sconvolse la giornata di Leda.

«Pronto... posso parlare con Leda? Io sono Marco Proietti... si ricorda di me?» Leda restò di sasso. Marco Proietti? Non conosceva nessuno con quel nome, non ricordava almeno.

schuldige, aber ich hab dich noch nie so erlebt. Du hast dich richtig verknallt, was ...?« Marco hatte es eilig zu dem Mädchen zurückzukehren. Er entfernte sich, ohne zu antworten, den anderen verblüfft stehen lassend. Er sah sich fieberhaft nach einem Fruchtsaft für sie und einem Prosecco für sich um, und eilte zurück ins Zimmer, wo frenetisch nach südamerikanischen Rhythmen getanzt wurde. Es gelang ihm nicht, sich zwischen den Paaren hindurchzudrängeln, einige Freunde stellten sich ihm sogar absichtlich in den Weg, um ihn auf den Arm zu nehmen. Endlich, da, die Stelle, an der er das Mädchen zurückgelassen hatte: ein ihm unbekanntes Pärchen saß dort und hantierte wegen der Hitze mit einem Fächer. Er erkundigte sich in der Runde nach dem Mädchen, das dort bis vor wenigen Minuten auf einem dieser Stühle gesessen hatte.

»Also hier hat kein Mädchen gesessen«, bekam er von dem Burschen gereizt zur Antwort. Leda war nicht mehr da. Er suchte sie überall, immer noch mit den beiden Gläsern in der Hand, er klopfte sogar an die Badezimmertür, um sich zu versichern, dass sie nicht etwa einem völlig normalen Bedürfnis Rechnung tragen musste. Nichts. Sie war verschwunden. Es kam ihm ein in den vierziger Jahren populärer Schlager in den Sinn, „Dove sta Zazà?", „Wo ist Zazà?", der eben von einem Mädchen namens Zazà erzählt, das während eines Festes verschwindet und von ihrem Verehrer namens Isaia verzweifelt gesucht wird.

Eines Morgens im Frühling, vielleicht war es nicht wirklich Frühling, weil in Rom fast jeden Tag die Sonne scheint, der Himmel blau und die Luft mild ist, und das kann auch im Februar, März geschehen, eines Morgens also brachte ein Telefonanruf Ledas Tagesprogramm völlig durcheinander.

»Hallo ... dürfte ich mit Leda sprechen? Ich bin Marco Proietti ... erinnern Sie sich an mich?« Leda war wie versteinert. Marco Proietti? Sie kannte niemanden mit diesem Namen, zumindest erinnerte sie sich nicht.

«Non so, non credo di conoscere un Marco Proietti.»

«La sera di Capodanno, ricorda? Ho parlato con lei... ho tentato di convincerla a ballare con me... sono mesi che la cerco. Non è stato facile avere il suo numero di telefono. Posso invitarla a cena? Vorrei tanto rivederla.»

Leda cominciò a ricordare. Sì, quel giornalista che era rimasto seduto accanto a lei per un bel po' di tempo e poi era andato a prendere qualcosa da bere. Subito dopo si era presentata Valentina col fidanzato e avevano detto che dovevano andare subito via per motivi urgentissimi di lavoro. Lei, che del resto si era annoiata tutto il tempo, li aveva seguiti. E ora si faceva vivo e la invitava a cena. Perché no? Concordarono di vedersi quello stesso giorno a Piazza del Popolo, dato che lui aveva un impegno da quelle parti.

Fu una giornata alquanto caotica, il pensiero fisso a quell'incontro tanto imprevisto: cosa c'era da aspettarsi? Aveva detto di averla tanto cercata, erano trascorsi più di due mesi e ora voleva rivederla. Un uomo molto strano. E come si sarebbe dovuta comportare? Per prima cosa telefonò a Valentina:

«Lo sai chi mi ha telefonato, questa mattina?»

«Certo che lo so. Francesco mi ha raccontato di un pazzo che ti sta cercando da due mesi. Stai attenta, non si può mai sapere.» E così la storia era diventata pubblica! Quanti ne erano stati informati?

«Francesco mi ha detto che ha fatto ricerche fra tutti gli invitati di quella serata, ma nessuno ti conosceva, neanche il padrone di casa. Puoi immaginare adesso come sono tutti curiosi del gran finale: già chiedono a quando i confetti... e pensano di organizzare una festa colossale!»

»Ich weiß nicht, ich glaube nicht einen Marco Proietti zu kennen.«

»Am Silvesterabend, erinnern Sie sich? Ich habe mit Ihnen gesprochen ... ich habe versucht Sie zu überreden mit mir zu tanzen ... ich suche Sie seit Monaten. Es war nicht einfach Ihre Telefonnummer zu bekommen. Darf ich Sie zu einem Abendessen einladen? Ich möchte Sie so gerne wiedersehen.«

Leda begann sich zu erinnern. Ja doch, jener Journalist, der eine gute Weile neben ihr gesessen hatte und dann etwas zu trinken holen gegangen war. Gleich darauf war Valentina mit ihrem Verlobten zu ihr gekommen und hatte ihr gesagt, dass sie wegen dringender Arbeitsangelegenheiten sofort weggehen müssten. Sie, die sich übrigens den ganzen Abend gelangweilt hatte, hatte sie begleitet. Und nun ließ er von sich hören und lud sie zum Abendessen ein. Warum nicht? Sie vereinbarten sich am selben Abend an der Piazza del Popolo zu treffen, da er dort in der Gegend zu tun hatte.

Es war ein ziemlich chaotischer Tag, die Gedanken auf dieses Treffen konzentriert. Was war zu erwarten? Er hatte gesagt, dass er sie so sehr gesucht habe, es seien mehr als zwei Monate vergangen und er wolle sie wiedersehen. Ein sehr eigenartiger Mann. Wie sollte sie sich verhalten? Zu allererst telefonierte sie mit Valentina.

»Weißt du, wer mich heute Früh angerufen hat?«

»Gewiss weiß ich das. Francesco hat mir von einem Verrückten erzählt, der dich seit zwei Monaten sucht. Sei vorsichtig, man kann nie wissen.« Also war die Geschichte schon öffentlich geworden. Wer alles wusste davon?

»Francesco hat mir gesagt, dass er unter all den Geladenen jenes Abends Erkundigungen eingeholt hat, aber niemand kannte dich, nicht einmal der Gastgeber. Du kannst dir ja vorstellen, wie neugierig jetzt alle auf das große Finale sind: sie fragen bereits, wann die Hochzeit stattfinden wird ... und denken daran, ein kolossales Fest zu organisieren!«

L'incontro avvenne in modo assai convenzionale: lui l'aspettava all'inizio del Corso e praticamente quasi si scontrò con lei, che come al solito camminava con la testa fra le nuvole. La sua stretta di mano fu cauta e breve – ricordò il timore di lei di venir stritolata da una mano maschile troppo energica – mentre al contrario avrebbe voluto tenere quella manina un po' più a lungo nella sua, per meglio godere di quella freschezza e forse portarla leggermente alle labbra, in un bacio furtivo, ma sentì che la sua reazione avrebbe potuto metterla in allarme.

Quante volte aveva immaginato questo incontro, il momento in cui avrebbe potuto rivederla, guardare nei suoi occhi, sentire la sua voce: si ritrovò insieme a una estranea, una persona che era vissuta solo nella sua fantasia, con la quale aveva continuato a dialogare solo nei suoi pensieri. Ne fu deluso? In qualche modo si sentì bloccato, anzi raggelato: dove era finita la sicurezza, o meglio l'intraprendenza che sempre lo aveva distinto quando intervistava anche persone sconosciute?

Leda continuava a tacere: a cosa pensava? Magari solo una semplice frase: chi è questo sconosciuto? Lui la guidò verso una stradina laterale. Qui trovò subito una trattoria dove aveva prenotato, quella mattina stessa, un tavolo per due, in un angolo appartato. Era stato capito al volo, pur non essendo un cliente abituale, ma era passato da lì alcune volte, quasi per ispezionare il luogo in cui avrebbe portato per la prima volta la ragazza.

Ora erano seduti uno di fronte all'altra e finalmente si guardarono, anzi fecero un primo esame: chi sei? Si chiedevano, senza parlare. Lui superò quel primo momento di imbarazzo chiedendo al cameriere la carta del giorno: chiese a Leda se preferiva vino bianco o rosso. Lei rispose subito che non beveva vino. Primo problema risolto, pensò lui, poi le

Die Begegnung fand auf eine ziemlich konventionelle Weise statt: er wartete am Anfang des Corso und stieß praktisch mit ihr zusammen, weil sie, wie üblich, mit den Gedanken irgendwo anders durch die Gegend lief. Ihr Händedruck war vorsichtig und kurz – sie erinnerte sich an ihre Befürchtung, ihr Händchen könnte von einer zu energischen männlichen Hand zermalmt werden – während er dieses Händchen gerne etwas länger in der seinen gehalten hätte, um besser dessen Frische genießen zu können und es vielleicht für einen flüchtigen Handkuss leicht an seine Lippen zu führen, doch er spürte, dass sein Verhalten sie hätte alarmieren können.

Wie oft hatte er sich diese Begegnung vorgestellt, den Moment, an dem er sie hätte wiedersehen, ihr in die Augen blicken, ihre Stimme hören können: er fand sich mit einer Fremden wieder, mit einer Person, die nur in seiner Fantasie gelebt hatte, mit der er nur in Gedanken gesprochen hatte. War er deshalb enttäuscht? Auf irgend eine Art fühlte er sich gehemmt, sogar eingefroren: wo war seine Sicherheit geblieben, beziehungsweise die Unternehmungslust, die ihn immer ausgezeichnet hatte, auch wenn er Unbekannte interviewen musste?

Leda schwieg weiterhin. Was mochte sie denken? Vielleicht nur eines: wer ist dieser Unbekannte? Er führte sie in eine Seitenstraße. Hier befand sich das Restaurant, in dem er am selben Morgen einen Tisch für zwei, bitteschön in einer etwas lauschigen Ecke, reserviert hatte. Man hatte ihn sofort verstanden, obwohl er kein Stammkunde war, aber doch einige Male dort vorbeigeschaut hatte, beinahe als wolle er einen Ort auskundschaften, wohin er das Mädchen zum ersten Mal einladen wollte.

Jetzt saßen sie einander gegenüber und sahen sich endlich an, das heißt, sie prüften sich: wer bist du? Das fragten sie sich, wortlos. Er überbrückte diesen ersten Moment der Verlegenheit, indem er den Kellner um die Speisekarte bat; er fragte Leda, ob sie lieber Weißwein oder Rotwein wolle. Sie antwortete sofort, dass sie keinen Wein trinke. Das erste

passò la lista, sempre più imbarazzato: di cosa si parla con una ragazza che non si conosce e della quale si è perfino sognato, addirittura conversato per almeno due mesi? Un situazione nuova alla quale, nonostante si fosse preparato ogni giorno e ogni notte, sognando addirittura di incontrarla, sogni che si concludevano sempre senza niente di fatto, ora si accorse di essere assolutamente impreparato: Leda aveva messo una porta fra loro due, un muro di silenzio che lo scoraggiò. Ma solo per un momento.

«Vorrei chiederle già da oltre due mesi come ha fatto a sparire senza lasciare nessuna traccia di sé. Non può immaginare come sia stato difficile rintracciarla. Nessuno l'aveva vista prima e nessuno sapeva con chi è venuta alla festa.»

«Mi ha invitato la mia amica Valentina o meglio il suo fidanzato.»

«Non conosco nessuna Valentina, questo nome non è venuto fuori una sola volta durante le mie... indagini! Sì, devo ammetterlo, ho fatto vere e proprie indagini. Sapevo solo il suo nome, Leda» e la fissò per la prima volta con uno sguardo intenso, quasi volesse possederla in un attimo solo, soltanto pronunciando a voce alta il suo nome. Per la prima volta. Quello sguardo, il tono della voce quasi roca, in qualche modo la rimescolò un poco. Abbassò gli occhi.

«Siamo andati via perché Francesco ha avuto una telefonata urgente dall'Ansa, credo che fosse accaduto qualcosa, non ricordo più. Ad ogni modo siamo scappati via per questo motivo.» Un lungo silenzio. Pareva non ci fossero più temi da discutere.

«Mi dica qualcosa di lei... mi accorgo di non conoscerla affatto nonostante da due mesi abbia continuato a parlare

Problem gelöst, dachte er, dann reichte er ihr immer verlegener die Speisekarte: worüber sprach man mit einer jungen Frau, die man nicht kennt und von der man geträumt hatte, mit der man sogar mindestens zwei Monate lang geplaudert hatte? Eine neue Situation, auf die er, er bemerkte es jetzt, überhaupt nicht vorbereitet war, obwohl er sie sich jeden Tag und jede Nacht vorgestellt hatte, sogar davon träumend ihr zu begegnen, Träume, die jedes Mal auf unterschiedlichste Weise endeten. Leda hatte eine Tür zwischen ihnen beiden zugemacht, eine Mauer des Schweigens errichtet, die ihn entmutigte. Aber bloß für einen Moment.

»Seit über zwei Monaten möchte ich Sie fragen, wie Sie es angestellt haben zu verschwinden, ohne eine einzige Spur zu hinterlassen. Sie können sich gar nicht vorstellen, wie schwierig es war, Sie aufzuspüren. Niemand hatte Sie zuvor jemals gesehen und niemand wusste, mit wem Sie zu diesem Fest gekommen waren.«

»Meine Freundin Valentina hat mich eingeladen, das heißt eigentlich ihr Verlobter.«

»Ich kenne keine Valentina, dieser Name wurde während meiner Nachforschungen kein einziges Mal erwähnt! Ja, ich muss gestehen, ich habe richtige Nachforschungen angestellt. Ich kannte nur ihren Namen, Leda«, und er schaute sie zum ersten Mal eindringlich an, beinahe, als wolle er sie im selben Augenblick besitzen, indem er mit lauter Stimme ihren Namen aussprach. Zum ersten Mal. Dieser Blick, der Ton seiner beinahe heiseren Stimme, wühlte sie irgendwie ein wenig auf. Sie senkte den Blick.

»Wir sind fortgegangen, weil Francesco einen dringenden Anruf von der ANSA erhalten hat, ich glaube, dass da irgendetwas passiert ist, aber ich erinnere mich nicht mehr. Jedenfalls sind wir deshalb fortgegangen.« Ein langes Schweigen. Es schien als gäbe es keine Themen mehr, worüber sie hätten sprechen können.

»Sagen Sie mir etwas über sich ... mir wird bewusst, dass ich Sie überhaupt nicht kenne, obwohl ich zwei Monate Tag

con lei, giorno e notte.»

«Con me? Lei ha parlato giorno e notte con me?» Lui si confuse. Si era scoperto e non sapeva come continuare senza rendersi in qualche modo ridicolo.

«Sì, confesso che intanto che la cercavo le raccontavo di me, della mia infanzia qui a Roma, al quartiere Esquilino, e poi degli anni di scuola, al Liceo Visconti.»

«Anche lei è andato al Visconti? Ma guarda che caso... anch'io l'ho frequentato, quando, in quali anni?»

«Oh, certo molto prima di lei. Se ricordo bene lei ha compiuto da poco gli anni, ventuno se non sbaglio, ben undici meno di me, per cui lei deve aver frequentato il Visconti fino a qualche anno fa.»

«Si, ho fatto la maturità proprio tre anni fa.» Ogni tanto Leda dava un'occhiata alla lista dei cibi, senza sapere cosa scegliere dato che lo stomaco era del tutto chiuso, bloccato, come ogni volta che era emozionata. Appena appena riuscì a bere un sorso di acqua.

«Io invece l'ho frequentato negli anni gloriosi, quando passare per Piazza Venezia era sempre molto emozionante; una piazza che per ognuno di noi aveva ben altro significato, quando il nostro paese contava molto, nel mondo, prima che sfortunatamente entrassimo in guerra, per spiegarmi meglio, mentre lei ha conosciuto soltanto l'Italia dopo la disfatta.»

«Di quali anni gloriosi sta parlando? E di quale disfatta?» Leda si irrigidì, il tono di voce duro, risentito: adesso lo stomaco prese a rivoltarsi, la gola si strozzò. «Posso chiederle che mestiere fa? Se non sbaglio in quella sera di Capodanno erano invitati solo giornalisti.»

«Certo, sono anch'io un giornalista, credo anche di avergliielo detto, quella sera. Ma scusi, cosa c'entra questo, ora?»

«Per quale giornale scrive?»

und Nacht mit Ihnen geredet habe.«

»Mit mir? Sie haben Tag und Nacht mit mir geredet?« Er war verwirrt. Er hatte sich bloßgestellt und wusste nicht wie weiter, ohne sich irgendwie lächerlich zu machen.

»Ja, ich gestehe, dass ich, während ich Sie suchte, von mir erzählte, von meiner Kindheit hier in Rom im Esquilino und dann von meinen Jahren am Visconti-Lyzeum.«

»Auch Sie sind ins Visconti gegangen? Schau einer an ... welch ein Zufall ... ich habe es ebenfalls besucht, wann war das, in welchen Jahren?«

»Gewiss viel früher als Sie. Wenn ich mich recht erinnere, sind Sie vor kurzem einundzwanzig geworden, gut elf Jahre jünger als ich, deshalb müssen Sie das Visconti bis vor kurzem besucht haben.«

»Ja, ich habe das Abitur vor drei Jahren gemacht.« Ab und zu warf Leda einen Blick in die Speisekarte, ohne zu wissen, was sie wählen sollte, da sich ihr Magen völlig verkrampft hatte, wie jedes Mal, wenn sie aufgeregt war. Sie konnte gerade einmal einen Schluck Wasser trinken.

»Ich hingegen habe es in den glorreichen Jahren besucht, als das Überqueren der Piazza Venezia immer sehr aufregend war: ein Platz, der für jeden von uns eine gänzlich andere Bedeutung hatte als jetzt, als unser Land viel galt in der Welt, bevor wir unglücklicherweise in den Krieg eintraten, nur um mich klar auszudrücken, während Sie nur das Italien nach der Niederlage kennen gelernt haben.«

»Von welchen glorreichen Jahren reden Sie? Und von welcher Niederlage?« Leda erstarrte, der Ton ihrer Stimme wurde hart, gereizt; der Magen begann zu rebellieren, der Hals war zugeschnürt. »Darf ich Sie nach Ihrem Beruf fragen? Wenn ich nicht irre, waren an jenem Silvesterabend nur Journalisten eingeladen.«

»Gewiss, auch ich bin Journalist, ich glaube auch, es Ihnen an jenem Abend gesagt zu haben. Aber, entschuldigen Sie, warum ist das jetzt interessant?«

»Für welche Zeitung schreiben Sie?«

«Naturalmente per il *Secolo d'Italia*[2].» Leda aggrottò le sopracciglia, strinse le labbra. Fu colta da un profondo senso di nausea.

«Mi dispiace, ma non siedo nello stesso tavolo con un fascista.» Decisa si alzò e si diresse verso la porta d'uscita. Il giovane balzò quasi dalla sedia e la seguì, del tutto scombussolato: cosa stava succedendo?

«La prego... si fermi... non può andar via così, non credo di averla offesa, non so più cosa dico, se non vuole restare qui con me mi permetta almeno di riaccompagnarla a casa... chiamo subito un taxi e... dovrò anche pagare per il tavolo.» Perse la testa. Fosse scoppiata una bomba accanto a lui non lo avrebbe sconvolto a quel punto. Leda si fermò e lo guardò. Ora non sapeva più cosa dire. Il suo gesto era stato eccessivo, magari infantile. In realtà lui non l'aveva offesa, anzi tutto il tempo l'aveva guardata adorandola: era forse questo che l'aveva tanto sconvolta? La passione che traspariva chiara dai suoi occhi la spaventava più delle sue idee politiche? Vide il dolore intenso che si disegnava chiaramente sul volto di quel giovane sconosciuto.

«Mi scusi, ha ragione, non mi ha offeso. Sono stata troppo precipitosa, come sempre nelle mie azioni. Io sto dall'altra parte, dalla parte della Resistenza, degli antifascisti... ecco perché.»

«Va bene, ma siamo due persone civili, possiamo parlare, mica ci picchieremo! La prego torni indietro. Magari non parliamo di politica, parliamo di qualsiasi cosa, come preferisce lei, ma torni al tavolo, per favore.»

---

[2]Quotidiano del Msi, Movimento Sociale Italiano, organo del rinato partito fascista, in Italia mai proibito.

»Natürlich für den *Secolo d'Italia*[3].«Leda zog die Augenbrauen zusammen, presste die Lippen aufeinander. Sie wurde von einem tiefen Gefühl des Ekels erfasst.

»Tut mir leid, aber ich sitze nicht mit einem Faschisten am gleichen Tisch.« Entschlossen stand sie auf und ging zur Tür. Der Mann schoss fast vom Stuhl hoch und folgte ihr, völlig durcheinander. Was geht hier vor?

»Ich bitte Sie ... bleiben Sie stehen ... Sie können nicht so weggehen, ich glaube nicht, Sie beleidigt zu haben, ich weiß nicht mehr, was ich daherrede, wenn Sie nicht hier bleiben wollen, erlauben Sie mir zumindest, Sie nach Hause zu begleiten ... ich rufe sofort ein Taxi ... ich muss ja auch für die Reservierung des Tisches bezahlen.« Er verlor den Kopf. Wäre eine Bombe neben ihm explodiert, sie hätte ihn nicht ärger verwirren können. Leda blieb stehen und sah ihn an. Jetzt wusste sie nicht mehr was sagen. Ihre Reaktion war übertrieben gewesen, vielleicht kindisch. In Wirklichkeit hatte er sie nicht beleidigt, im Gegenteil, er hatte sie die ganze Zeit angehimmelt. War es vielleicht das, was sie so verwirrt hatte? Die Leidenschaft, die offen aus seinen Augen sprach, erschreckte sie mehr als seine politische Einstellung! Sie sah den tiefen Schmerz, der sich ganz offen im Gesicht dieses jungen, unbekannten Mannes abzeichnete.

»Entschuldigen Sie mich, Sie haben Recht, Sie haben mich nicht beleidigt. Ich bin wie in allen meinen Handlungen ein wenig voreilig gewesen. Ich stehe auf der anderen Seite, auf der Seite des Widerstandes, der Antifaschisten ... deshalb.«

»Mag sein, doch sind wir gebildete Menschen, wir können doch reden, wir werden uns doch nicht prügeln! Ich bitte Sie, kommen Sie zurück. Reden wir nicht über Politik, reden wir über irgendetwas, über was sie möchten, aber bitte kommen Sie an den Tisch zurück, bitte.«

---

[3]*Secolo d'Italia,* Tageszeitung der Partei *Movimento Sociale Italiano (MSI),* der nach dem Krieg neu gegründeten, nie verbotenen faschistischen Partei.

Leda, senza aggiungere una parola, tornò a sedersi, in qualche modo vergognosa di quella reazione impulsiva: lui aveva ragione, erano due persone civili e la guerra era ormai lontana, il regime fascista anche. Tutto apparteneva al passato, mentre loro vivevano in quel presente, pieno di rivolgimenti, questo sì, ma in ogni caso ognuno aveva la libertà di esprimere la propria opinione senza rischiare la galera.

Finalmente lo guardò come si guarda un essere umano e notò la sua eleganza, il modo volutamente sciatto del ciuffo di capelli che gli cadeva sugli occhi, il naso ben disegnato come pure la bocca: un bel viso classico di romano vestito bene, di un certo tipo che spesso incontrava per strada; i suoi occhi ora erano seri, con una nota di malinconia. Chiaro che aveva deluso chissà quali speranze covate nel corso di quei due mesi, e ora capì il senso di quel suo aver parlato ininterrottamente con lei: magari era innamorato. Un fascista innamorato di lei! Sentì un conato di vomito: niente di più ributtante di un fascista. Un essere spregevole, di infimo ceto sociale, violento: erano tutti così, i fascisti? Chi erano, infine, i fascisti?

Lo guardò di nuovo, di sottecchi, e cercò di vedere in lui solo un uomo, un giovane chiaramente innamorato, senza ideologie politiche: le sembrò di vederlo mentre sceglieva accuratamente la camicia, magari faceva una doccia, si profumava e... cosa fa di solito un uomo quando va a un appuntamento amoroso? Non lo sapeva, ma pensò a se stessa davanti allo specchio. Anche lei si era truccata con più cura del solito, aveva scelto nel suo guardaroba qualcosa che le stava particolarmente bene... e anche le scarpe! Aveva scelto quelle col tacco più alto, per fare impressione. Infine essere di sinistra non significava rinunciare alla propria femminilità.

Ohne ein Wort zu sagen, setzte sich Leda wieder hin, irgendwie schämte sie sich ihrer impulsiven Reaktion; er hatte Recht, sie waren zwei gebildete Menschen und der Krieg war mittlerweile weit weg, das faschistische Regime auch. Alles gehörte der Vergangenheit an, während sie in dieser Gegenwart voller Umwälzungen lebten, das schon, aber in jedem Falle war jeder frei, seine eigene Meinung zu äußern, ohne Gefahr zu laufen ins Gefängnis gesteckt zu werden.

Endlich sah sie ihn an, wie man ein menschliches Wesen ansieht und bemerkte seine Eleganz, die bewusst nachlässige Art, wie ihm der Haarschopf in die Augen fiel, die gut geformte Nase und auch den Mund: ein schönes, klassisches Gesicht eines gut gekleideten Römers von der gewissen Art, wie sie ihr oft auf der Straße begegneten; seine Augen waren ernst, mit einem Anflug von Wehmut. Gewiss, sie hatte, wer weiß welche im Laufe dieser beiden Monate ausgebrüteten Hoffnungen enttäuscht, und jetzt verstand sie den Sinn seines ununterbrochenen Redens: vielleicht war er in sie verliebt. Ein Faschist in sie verliebt! Sie verspürte Brechreiz; nichts Widerlicheres als ein Faschist. Ein verächtliches Wesen eines niederen, gewalttätigen Gesellschaftsranges; waren sie alle so, die Faschisten? Wer waren sie schlussendlich, diese Faschisten?

Sie sah ihn erneut verstohlen an und versuchte in ihm nur den Mann zu sehen, einen jungen, offensichtlich Verliebten ohne politische Einstellung; es war, als sehe sie ihn, wie er sorgfältig das Hemd wählt, sich vielleicht duscht, parfümiert und … was macht ein Mann gewöhnlich, wenn er zu einer Verabredung mit der Angebeteten geht? Sie wusste es nicht, aber sie dachte an sich selbst vor dem Spiegel. Auch sie hatte sich sorgfältiger als sonst geschminkt, hatte aus ihrer Garderobe etwas ausgewählt, was ihr besonders gut stand … auch die Schuhe! Sie hatte die, mit dem höchsten Absatz genommen, um ihn zu beeindrucken. Schließlich bedeutet links sein nicht auf die eigene Weiblichkeit zu verzichten.

Una giornata caotica; non era riuscita a fare niente di ragionevole e più volte aveva scorto lo sguardo incuriosito della madre: le stava accadendo qualcosa? All'ultimo momento si era lavata anche i capelli: che cosa ancora? Il suo pensiero correva continuamente al momento in cui avrebbe incontrato il giovane sconosciuto: Valentina aveva detto che gli amici si preparavano a mangiare i confetti!

I confetti, e le sue mani tremarono. Guardò la lista delle pietanze e scelse quello che costava di meno, sicura che lui avrebbe voluto assolutamente pagare.

Ora non sapevano più di cosa parlare. Possibile che esclusa la politica non ci fossero altri argomenti per due giovani di sesso diverso? Sembrava proprio così. Lui era soltanto sconvolto, disorientato, come svuotato: in un attimo aveva perso due mesi di sogni, di speranze. Ora sedeva di fronte a una nemica, una di quelle intellettuali di sinistra che aveva sempre disprezzato. Come mai non aveva capito, quella sera, chi era quella persona deliziosa con la quale aveva trascorso piacevolissimi minuti, indimenticabili? Era del tutto fuori di testa? Possibile che si fosse ingannato in modo così infantile? Una comunista seduta al suo tavolo, affascinante, nonostante tutto, e... ancora desiderabile.

Non riusciva a guardarla senza sentirsi rimescolare: dannazione, quella ragazza gli faceva perdere la bussola. Il suo corpo era in subbuglio, non riusciva a dominarsi: un desiderio irresistibile sconvolgeva il suo cervello tanto da perdere la facoltà di formulare un solo pensiero razionale. Si sorprese a maledire la politica, per interi momenti; ma malediceva anche la capacità di pensare data agli esseri umani; e il fastidio di soggiacere a quelle maledette regole dettate dalla civiltà, necessarie per mantenere ordinatamente i rapporti fra uomo e donna. Chi aveva inventato tutto questo? Mentre lui, seguendo un impulso quanto mai primitivo e naturale,

Ein chaotischer Tag; sie hatte nichts Vernünftiges zuwege gebracht und mehrmals hatte sie den neugierigen Blick der Mutter bemerkt: geschah da etwas mit ihr? Im letzten Moment hatte sie sich auch noch die Haare gewaschen: und was noch? Ihre Gedanken wanderten dauernd zum Moment, da sie dem unbekannten jungen Mann begegnen würde. Valentina hatte ihr gesagt, dass sich ihre Freunde schon auf das Hochzeitskonfekt freuen würden!

Das Konfekt ... ihr zitterten die Hände. Sie schaute in die Speisekarte und wählte das billigste Gericht, überzeugt, dass er sie unbedingt würde einladen wollen.

Jetzt wussten sie nicht mehr worüber reden. Kann es sein, dass es abgesehen von der Politik keine weiteren Gesprächsthemen für zwei junge Leute unterschiedlichen Geschlechts gibt? Es schien genau so zu sein. Er war verstört, desorientiert, wie ausgehöhlt; in einem Augenblick hatte er die Träume, die Hoffnungen zweier Monate verloren. Jetzt sah er sich einer Feindin gegenüber, einer jener linken Intellektuellen, die er immer verachtet hatte. Warum hatte er an jenem Abend nicht erkannt, wer diese entzückende Person war, mit der er sehr angenehme, unvergessliche Minuten verbracht hatte? War er völlig verrückt? Konnte es sein, dass er sich auf derart kindische Weise selbst belogen hatte? Eine Kommunistin an seinem Tisch, trotz allem faszinierend ... und begehrenswert.

Er war nicht im Stande sie anzusehen, ohne sich aufgewühlt zu fühlen; verdammt, dieses Mädchen verdrehte ihm den Kopf. Sein ganzer Körper war in Aufruhr, er konnte sich nicht beherrschen: ein unwiderstehlicher Wunsch brachte sein Gehirn dermaßen durcheinander, dass er außer Stande war auch nur einen vernünftigen Gedanken zu formulieren. Er überraschte sich dabei, wie er für Augenblicke die Politik verfluchte, aber er verfluchte auch die dem Menschen gegebene Fähigkeit zu denken und die Unannehmlichkeit, diesen verdammten, von der Gesellschaft diktierten Regeln unterworfen zu sein, notwendig, um die Beziehungen zwischen

avrebbe solo voluto stringerla fra le braccia, sentire l'odore del suo corpo, leccare quella pelle per conoscerne il sapore, perché ogni pelle ha un sapore particolare, lo sapeva e... aprire quella bocca sdegnosetta in un bacio, perdersi in quel bacio, dimenticare ogni tratto della sua umanità per diventare solo una creatura dell'universo e amare, solo amare: voleva solo unirsi a lei in un abbraccio oltre il tempo e lo spazio. Con lei e solo con lei avrebbe potuto raggiungere l'eternità, la beatitudine.

Due mesi che sognava tutto questo e ora era qui, a pochissima distanza da lui e non poteva toccarla, guardarla, avvicinarsi, dirle le tante parole che aveva ripetuto migliaia di volte.

Leda non riusciva a inghiottire un solo boccone. Si sentiva travolgere da una forza sconosciuta che poteva solo paragonare con la lava incandescente che una volta aveva visto scendere dall'Etna, una massa di fuoco (ma lei era in un posto di osservazione, fuori da ogni pericolo). Quella massa di fuoco minacciava ora di travolgerla, silenziosamente, subdolamente e infinitamente eccitante: cosa le stava accadendo? Una voce mai sentita prima, un richiamo dei sensi, sconosciuto, pericoloso proveniva da quel giovane: avrebbe voluto essere cieca, sorda, magari perdersi in lui.

Finirono di cenare senza fretta, con sempre maggiore imbarazzo, scambiando solo qualche frase di convenienza, tipo: vuol bere? Vorrebbe ancora qualcosa, un dessert o un caffè? Mentre il dialogo non verbale continuava sempre più in un crescendo angoscioso. Una cena che sembrava non volesse più finire. Perfino il cameriere che li serviva si era intimidi-

Mann und Frau in Ordnung zu halten. Wer hat sich das alles ausgedacht? Während er sie einem mehr als primitiven und natürlichen Impuls folgend nur hätte in die Arme schließen, den Geruch ihres Körpers riechen, diese Haut hätte ablecken wollen, um ihren Geschmack kennen zu lernen, denn jede Haut hat einen besonderen Geschmack, das wusste er ... diesen abweisenden Mund hätte mit einem Kuss öffnen, sich in diesem Kuss verlieren wollen, jeden Zug seiner Menschlichkeit vergessend, um bloß eine Kreatur des Universums zu werden und zu lieben, nur zu lieben: er wollte sich nur mit ihr in einer Umarmung jenseits von Raum und Zeit vereinen. Mit ihr und nur mit ihr hätte er die Ewigkeit, die Glückseligkeit erreichen können.

Zwei Monate lang träumte er das alles und jetzt war sie hier, ganz nah vor ihm und er durfte sie nicht berühren, ansehen, sich ihr nähern, ihr die vielen Worte sagen, die er tausende Male wiederholt hatte.

Leda war nicht imstande einen einzigen Bissen hinunterzuwürgen. Sie fühlte sich von einer unbekannten Kraft überwältigt, die sie nur mit der glühenden Lava vergleichen konnte, die sie einmal vom Ätna hatte hinunterfließen sehen, eine Masse aus Feuer (aber sie stand damals auf einem Beobachtungsposten, völlig außer Gefahr). Diese Feuermasse drohte sie jetzt zu überwältigen, leise, heimtückisch und unendlich aufregend: was geschah da mit ihr? Eine bisher nie gehörte Stimme, ein Lockruf der Sinne, unbekannt, gefährlich ging von diesem Mann aus: sie hätte blind sein wollen, taub, sich in ihm verlieren wollen.

Sie aßen ohne Eile fertig, unter ständig größer werdender Verwirrung, nur Banalitäten austauschend wie: möchten Sie noch etwas trinken? Wünschen Sie noch etwas, ein Dessert oder einen Kaffee?, während der nonverbale Dialog in einem immer beängstigenderem Crescendo weiterlief. Ein Abendessen, das nicht enden zu wollen schien. Sogar der

to: aveva visto la scena precedente e pur non avendo capito come stessero le cose, era chiaro che qualcosa di grave doveva essere accaduto. Su richiesta del giovane chiamò un taxi.

Lungo tutto il tragitto non scambiarono una sola parola. Leda si era seduta quasi accanto alla porta, il più lontano possibile da lui. Il giovane sentì il suo rifiuto, ma anche il suo timore: pensava che appunto essendo un fascista le avrebbe usato violenza, magari abbracciandola di forza? Si sentì offeso solo da questo pensiero. Leda non aveva aperto bocca per tutto il resto della serata, ma lui aveva percepito i vari messaggi, i timori, anche certi sensibili richiami che non aveva saputo identificare: in qualche modo ebbe la percezione di piacerle, di aver superato quella barriera che si era frapposta fra di loro solo per motivi ideologici.

All'arrivo lui scese dalla macchina, le aprì lo sportello.
Lei gli diede la mano.

Kellner, der sie bediente, war eingeschüchtert; er hatte die vorausgegangene Szene gesehen und obwohl er nicht begriffen hatte, wie die Dinge wirklich lagen, war klar, dass etwas Schwerwiegendes geschehen sein musste. Auf Ersuchen des Mannes rief er ein Taxi.

Während der ganzen Fahrt wechselten sie kein einziges Wort. Leda war ganz nahe an die Tür gerückt, so weit wie möglich von ihm weg. Der junge Mann spürte ihre Ablehnung, aber auch ihre Furcht: dachte sie vielleicht, da er ein Faschist war, könnte er ihr Gewalt antun, sie vielleicht mit Gewalt umarmen? Er fühlte sich allein schon vom Gedanken beleidigt. Leda aber hat den restlichen Abend nicht mehr den Mund aufgemacht, und er hatte die unterschiedlichen Botschaften, Befürchtungen und auch gewisse sensible Verlockungen wahrgenommen, die er nicht zu identifizieren gewusst hatte. Irgendwie hatte er das Gefühl ihr zu gefallen, jene Barriere überwunden zu haben, die sich nur aus ideologischen Gründen zwischen sie gestellt hatte.

Als sie angekommen waren, stieg er aus und hielt ihr die Autotür auf.

Sie gab ihm die Hand.

Un incontro

La porta non aveva serratura. Mancava anche un campanello qualsiasi. D'altra parte era necessario scendere alcuni gradini e dalla strada sembrava di entrare in uno scantinato. Francesca si fermò un momento incerta sul da farsi: nel negozio lì di fronte, dove aveva trovato il quadro, o meglio il cartone dipinto a olio, senza cornice, che aveva attirato la sua attenzione, le avevano detto che doveva solo attraversare la strada. A due passi c'era l'atelier del pittore. Avrebbe potuto contrattare con lui direttamente sul prezzo. Era esposto da pochi giorni e fino a quel momento nessuno se ne era interessato. Del resto si trattava di un giornalaio e alla gente che entrava e usciva in quel negozio non interessava di pittura. Era chiaro. Del resto anche lei era entrata solo per comprare un giornale, poi aveva visto quel quadro e si era fermata. Era appoggiato su una catasta di vecchi giornali, quasi in procinto di essere portato via, magari per finire al macero. Chi lo poteva dire?

Da qualche anno ormai studiava all'Accademia e sentiva che la passione iniziale che l'aveva spinta a intraprendere questo studio cominciava a scemare: aveva sperato di imparare le varie tecniche, i cosiddetti arnesi del mestiere, e invece si svolgeva tutto in modo assai diverso dalle sue aspettative. Ora quel quadro aveva qualcosa che le ricordava i suoi primi tentativi, i suoi primi entusiasmi, per questo avrebbe voluto conoscere il pittore che usava quella tecnica, che aveva le sue stesse visioni.

Eine Begegnung

Die Tür hatte kein Schloss. Es fehlte auch jedwede Klingel. Andererseits musste man einige Stufen hinuntersteigen und von der Straße aus schien man in ein Tiefparterre zu gelangen. Francesca blieb einige Augenblicke stehen, unentschlossen was zu tun sei; im Laden gegenüber, wo sie das Bild oder besser gesagt das auf Pappe gemalte Ölbild ohne Rahmen gefunden hatte, das ihre Aufmerksamkeit erregt hatte, hatte man ihr gesagt, sie brauche nur die Straße zu überqueren. Gleich gegenüber sei das Atelier des Malers. Sie hätte direkt mit ihm den Preis aushandeln können. Es war erst seit kurzem ausgestellt und bis zu diesem Moment hatte sich niemand dafür interessiert. Übrigens handelte es sich um ein Zeitschriftengeschäft, und die Leute, die dort ein- und ausgingen interessierte die Malerei nicht. Das war klar. Im Übrigen war auch sie nur hineingegangen, um eine Zeitung zu kaufen, dann hatte sie dieses Bild gesehen und war davor stehen geblieben. Es lehnte auf einem Stapel alter Zeitungen, beinahe als sei es im Begriff fortgeschafft zu werden und im Altpapier zu landen. Wer konnte das schon wissen?

Seit einigen Jahren schon studierte sie an der Akademie und sie spürte, dass die anfängliche Leidenschaft, die sie bewogen hatte dieses Studium anzufangen, zu schwinden begann. Sie hatte gehofft, die verschiedenen Techniken zu lernen, das sogenannte Handwerk, statt dessen lief alles ziemlich anders ab, als sie erwartet hatte. Nun, dieses Bild hatte etwas, das sie an ihre ersten Gehversuche, ihre erste Begeisterung erinnerte, und darum hätte sie gerne den Maler kennen gelernt, der diese Technik anwandte, der dieselben Visionen wie sie hatte.

Scese i pochi gradini e bussò alla porta. Ne notò la miseria. Accanto a quella casa si trovava una cantiere. Si stava buttando giù il palazzo che sembrava di cartone, tanto era in cattive condizioni. Un residuo delle costruzioni del dopoguerra.

Una voce d'uomo dall'interno, dopo un po', gridò:

«Avanti.»

Francesca spinse la porta leggera, che non fece nessuna resistenza. Entrò. Il locale era assai luminoso e più che l'atelier di un pittore sembrava una falegnameria: in mezzo un lungo banco di legno. In fondo un uomo in camice grigio le girava le spalle. Stava facendo qualcosa. Sembrava un operaio, niente di più. Si voltò un momento lanciando uno sguardo veloce per vedere chi entrava, e continuò a lavorare. Francesca notò una grande vetrata che dava in un interno. La porta era aperta e si sentiva il rumore, le voci degli operai che armeggiavano nell'edificio accanto. C'era molta polvere, arnesi vari disordinatamente sparsi qua e là; neanche l'ombra di un colore, di una tavolozza: tutto faceva pensare al laboratorio di un artigiano, non certo di un pittore.

«Lei è un pittore o un artigiano?» La voce di Francesca squillò in quel locale come qualcosa di artificiale. L'uomo si fermò. Smise di lavorare e si girò. La fissò un lungo momento con grande attenzione, un po' incuriosito: chi era quella ragazzina e come si permetteva di rivolgergli quella domanda?

«Sia l'uno che l'altro. L'uno non esclude l'altro e l'arte è anche artigianato.» Una risposta secca, un po' infastidita: non avrebbe certo intavolato una discussione sull'arte di prima mattina e con quella tipa. Poi notò il quadro che la ragazza aveva ancora in mano. «Ha portato il mio quadro.»

Sie stieg die wenigen Stufen hinab und klopfte an die Tür. Sie bemerkte die Schäbigkeit. Neben diesem Haus befand sich eine Baustelle. Man riss das Gebäude ab, das aus Pappe gemacht schien, in einem derart schlechten Zustand war es. Ein Überbleibsel der Bauten der Nachkriegszeit.

Eine Männerstimme rief nach einer Weile von drinnen:

»Herein!«

Francesca drückte die leichte Tür auf, die keinen Widerstand leistete. Sie trat ein. Der Raum war ziemlich hell und viel eher als das Atelier eines Malers schien es eine Tischlerei zu sein: in der Mitte eine lange, hölzerne Werkbank. Ganz hinten ein Mann im grauen Arbeitskittel, der ihr den Rücken zukehrte. Er bearbeitete irgend etwas. Er schien ein Handwerker zu sein, nichts weiter. Er drehte sich einen Augenblick um, warf ihr einen flüchtigen Blick zu, um zu sehen, wer da hereinkam und arbeitete weiter. Francesca bemerkte eine große Glastür, die in einen Innenhof führte. Die Tür war offen und man hörte den Lärm, die Stimmen der Arbeiter, die im Nebengebäude herumwerkelten. Da war viel Staub, verschiedenes da und dort herumliegendes Werkzeug; nicht einmal eine Spur von Farbe, einer Palette: alles ließ an die Werkstatt eines Handwerkers denken, niemals an die eine Künstlers.

»Sind Sie ein Maler oder ein Handwerker?« Francescas Stimme klang in diesem Raum schrill, wie etwas Künstliches. Der Mann hielt inne. Er hörte auf zu arbeiten und drehte sich um. Er starrte sie einen langen Moment sehr aufmerksam, ein wenig neugierig geworden an: wer war dieses Mädchen und was nahm sie sich heraus, ihm diese Frage zu stellen!

»Sowohl das Eine wie das Andere. Das Eine schließt das Andere nicht aus und die Kunst ist auch Handwerk.« Eine trockene Antwort, ein wenig verärgert: er würde keine Diskussion über Kunst am frühen Morgen beginnen, schon gar nicht mit dieser da. Dann bemerkte er das Bild, das das Mädchen noch in der Hand hielt. »Sie haben mein Bild ge-

«Il giornalaio me l'ha dato, mi ha anche indicato il suo... (voleva dire atelier, poi si fermò) il luogo dove avrei potuto trovarla.»

«Le piace?» E già sentì una strana ondata di compiacimento.

«Sì, ma mi interessa la tecnica con la quale è stato realizzato, studio all'Accademia.» L'uomo, tarchiato, massiccio, fra i quaranta e i cinquanta, occhi penetranti, quasi pungenti, per tutto il resto assai bonario, continuò a osservarla, quasi in attesa di qualcosa d'altro. Francesca era una brunetta di una ventina di anni, di media statura; c'era in lei una sorta di inquietudine come di chi è alla ricerca di qualcosa di non ben definito: a lei piaceva cercare o meglio, manteneva una curiosità quasi infantile per tutte le cose. Questo continuo vagare fra il mondo della fantasia e il mondo reale passava inosservato ai più, non certo a un occhio attento come appunto quello di un pittore, abituato o meglio educato a vedere e non a guardare soltanto, essendo questa l'essenza della sua professione.

«Ah, l'Accademia... meglio starne alla larga, svicolare. Un artista deve sperimentare, trovare la propria tecnica, la propria strada, il proprio linguaggio espressivo, cercare gli strumenti necessari per esprimersi, sempre nel caso abbia qualcosa da dire, qualcosa da comunicare al mondo.» E, deciso a non continuare quella discussione, le girò le spalle e riprese la sua attività.

«Che vuol dire qualcosa da 'comunicare al mondo'? Un artista deve avere qualcosa da dire, altrimenti perché...»

«Non confonda le parole. Lei dice 'un artista' come se tutti quelli che frequentano l'Accademia fossero artisti e ogni pittore che imbratta una tela un artista.» Si girò incuriosito e la guardò di nuovo, una strana luce negli occhi. «Adesso mi spieghi cos'è secondo lei un artista.» Francesca, allibita, ri-

bracht.«

»Der Zeitungsverkäufer hat's mir gegeben, er hat mir auch Ihr ...«, sie wollte Atelier sagen, dann hielt sie inne, »den Ort gewiesen, an dem ich Sie finden würde.«

»Gefällt es Ihnen?« Und schon spürte er eine Welle der Genugtuung.

»Ja, aber mich interessiert vor allem die Technik, in der es gemalt wurde, ich studiere an der Akademie.« Der untersetzte, massige Mann zwischen vierzig und fünfzig, bohrende, beinahe stechende Augen, was den Rest betrifft ziemlich gutmütig, beobachtete sie weiter beinahe in Erwartung von noch irgendetwas. Francesca war eine Brünette von ungefähr zwanzig Jahren, mittlere Größe; es steckte eine Art Unruhe in ihr, wie bei jemandem, der auf der Suche nach etwas nicht klar Definiertem ist. Ihr gefiel es zu suchen oder besser, sie bewahrte sich eine beinahe kindliche Neugierde für die Dinge. Dieses ständige Pendeln zwischen der Fantasiewelt und der realen Welt, blieb den meisten verborgen, doch sicher nicht einem aufmerksamen Auge wie dem eines Malers, gewohnt zu sehen, beziehungsweise zum Sehen erzogen und nicht nur zum Schauen, da dies doch die Essenz seines Berufs ist.

»Ach, die Akademie ... besser man bleibt weg und weicht ihr aus. Ein Künstler muss experimentieren, seine eigene Technik finden, seinen Weg, den eigenen Ausdruck, die nötigen Instrumente suchen, um sich auszudrücken, immer sofern man etwas zu sagen, der Welt etwas mitzuteilen hat.« Entschlossen diese Diskussion nicht fortzuführen, kehrte er ihr den Rücken zu und nahm seine Tätigkeit wieder auf.

»Was soll das heißen, etwas der Welt mitzuteilen? Ein Künstler muss etwas zu sagen haben, warum sonst ...«

»Verwechseln Sie die Begriffe nicht. Sie sagen, ein 'Künstler', als ob alle, die die Akademie besuchen Künstler wären und jeder Maler, der eine Leinwand beschmiert ein Künstler.« Er drehte sich neugierig geworden um und schaute sie erneut mit einem seltsamen Glanz in den Augen an. »Sagen

cambiò il suo sguardo, nonostante la polemica, ancora bonario. Quella ragazzina con un'ingenuità che gli spezzava il cuore, cominciava a interessarlo. Lei notò il suo interesse e arrossì. Balbettò controvoglia:

«Non mi sono mai posta una tale domanda, e ora, così, su due piedi, mi viene spontaneo dire che un artista è una persona che ha qualcosa da dire... scusi il bisticcio di parole.»

«Tutti hanno qualcosa da dire. Cosa crede? Ogni bambino, ogni imbecille e non voglio assolutamente paragonare un bambino con un imbecille, ma voglio soltanto spiegarle che non basta avere qualcosa da dire per essere un artista.»

«Certo, dipende da cosa si abbia necessità di dire, perché almeno la 'necessità di dire' non vorrà negarla, a un artista!» Il pittore finalmente sorrise. Mise da parte la pialla e si avvicinò.

«Mi sembra che non abbia le idee chiare su cosa sia l'arte e l'artista. Ma d'altra parte, cosa ci si può aspettare da una che frequenta l'Accademia?»

«Lei non ha frequentato l'Accademia?»

«No, o meglio per poco tempo e sono scappato via... sono autodidatta e me ne vanto. Ho imparato tutto da solo osservando i grandi artisti del passato. Attraverso la pittura dei grandi ho scoperto me stesso, che in fondo è il fine di ogni arte. Anche lei farebbe bene a frequentare i musei piuttosto che l'Accademia. Imparerebbe molto di più.»

«Lei dice che il fine dell'arte è conoscere se stessi, come diceva Socrate. Ma lui era un filosofo non un artista. Che c'entra l'arte con....»

«Vedo che lei ha una testa che ragiona. Anche l'arte è uno strumento importante per scoprire il fondo dell'animo umano. L'arte in tutte le sue forme. L'uomo non ha fatto altro, nel corso dei secoli, sempre alla ricerca di se stesso: niente di

Sie mir jetzt, was für Sie ein Künstler ist.« Francesca erwiderte verblüfft seinen Blick trotz der noch gutmütigen Polemik. Dieses Mädchen, von einer Einfalt die ihm das Herz brach, begann ihn zu interessieren. Sie bemerkte sein Interesse und errötete. Gegen ihren Willen stotterte sie:

»Ich habe mir nie eine solche Frage gestellt und jetzt, so Knall auf Fall möchte ich sagen, dass ein Künstler eine Person ist, die etwas zu sagen hat ... entschuldigen Sie das unbeabsichtigte Wortspiel.«

»Alle haben etwas zu sagen. Was glauben Sie? Jedes Kind, jeder Einfaltspinsel, und ich will keinesfalls ein Kind mit einem Einfaltspinsel vergleichen, sondern Ihnen nur erklären, dass es nicht genügt etwas zu sagen zu haben, um ein Künstler zu sein.«

»Gewiss, es hängt davon ab, was man zu sagen nötig hat, denn zumindest die 'Notwendigkeit mitzuteilen' werden Sie doch einem Künstler nicht verwehren!« Der Maler lächelte endlich. Er legte den Hobel beiseite und näherte sich ihr.

»Mir scheint, Sie haben keine klare Vorstellung, was Kunst ist und was ein Künstler. Doch andererseits, was soll man von einer erwarten, die die Akademie besucht?«

»Sie haben nicht die Akademie besucht?«

»Nein, oder genauer gesagt nur für kurze Zeit, dann bin ich geflohen ... ich bin Autodidakt und stolz darauf. Ich habe alles alleine gelernt, indem ich die großen Künstler der Vergangenheit studiert habe. Über die Malerei der Großen habe ich mich selbst entdeckt, was im Grunde der Zweck jeder Kunst ist. Auch Sie täten gut daran, die Museen an Stelle der Akademie zu besuchen, Sie würden viel mehr lernen.«

»Sie sagen, es sei der Zweck der Kunst, sich selbst zu entdecken, wie auch Sokrates sagte. Aber er war Philosoph und kein Künstler. Was hat die Kunst mit ...«

»Ich sehe, Sie haben einen Kopf, der denkt. Auch die Kunst ist ein wichtiges Instrument, um der menschlichen Seele auf den Grund zu gehen. Die Kunst in all ihren Facetten. Der Mensch hat im Laufe der Jahrhunderte nichts ande-

più insondabile, misterioso, dell'essere umano. L'arte è nata appunto in seguito a questa ricerca.» La fissò un momento, di colpo soprappensiero, quasi il discorso che aveva appena fatto avesse sorpreso lui per primo. In un lampo capì che anche per formulare dei pensieri un po' fuori dell'ordinario è necessario uno stimolo e meglio ancora un interlocutore, ma un interlocutore particolare. Adesso guardò la ragazza con più interesse: cosa gli aveva fatto capire che lei era particolare?

Francesca lo ascoltava attenta. Non era abituata a sentire discorsi così seri: le sembrò di colpo di essere diventata adulta, forse perché quello sconosciuto affrontava con lei argomenti tanto profondi.

«Ancora non mi ha spiegato qualcosa di fondamentale per me: come si arriva alla tecnica? Io sono convinta che sia necessaria una tecnica, strumenti, arnesi, se vuole, per poter dare forma a una visione, a un pensiero artistico; non basta l'esperienza o la sperimentazione, come dice lei: bisogna sapere come fare. Gli scrittori imparano a scuola la grammatica e tutto il resto, ma un pittore, uno cioè che dipinge, come capisce se una linea ha più significato di un'altra, un colore è in accordo o disaccordo con un altro? Cioè la grammatica o meglio l'armonia delle linee e dei colori.» Il pittore l'ascoltava sempre più sorpreso.

«Dove ha imparato a pensare?»

«Pensare è una prerogativa umana, credo.» Francesca lo guardò fisso negli occhi, stupita: era chiaro che non sapeva di essere una ragazza particolare, di saper pensare. Il pittore accennò un sorriso. Si era alzato, quella mattina, sapendo che quel giorno sarebbe stato come tanti altri giorni: prima finire un lavoro che gli avrebbe procurato qualche soldo, poi in atelier per scontrarsi con se stesso davanti a una tela e, di

res getan, immer auf der Suche nach sich selbst: nichts Unergründlicheres, Mysteriöseres als das menschliche Wesen. Die Kunst ist gerade als Folge dieses Forschens entstanden.« Er starrte sie einen Augenblick lang an, plötzlich gedankenverloren, beinahe so als ob der Diskurs, den er eben geführt hatte, ihn selbst überrascht hätte. Plötzlich verstand er, dass man auch um Gedanken etwas jenseits des Gewöhnlichen auszudrücken eines Anstoßes bedarf, noch besser eines Gesprächspartners. Jetzt schaute er das Mädchen mit größerem Interesse an; was hatte ihm zu verstehen gegeben, dass sie etwas Besonderes war?

Francesca hörte ihm aufmerksam zu. Sie war es nicht gewohnt, derart ernste Gespräche zu führen; ihr schien, sie sei plötzlich erwachsen geworden, vielleicht weil dieser Unbekannte mit ihr über derart tiefsinnige Argumente sprach.

»Sie haben mir immer noch nicht etwas für mich Grundlegendes erklärt: wie erlernt man die Technik? Ich bin überzeugt, dass eine Technik notwendig ist, Instrumente, Werkzeuge, wenn Sie so wollen, um einer Vision, einem künstlerischen Gedanken Form zu verleihen; die Erfahrung oder das Experimentieren, wie Sie sagen, genügt nicht. Man muss wissen, wie man es macht. Die Schriftsteller lernen in der Schule die Grammatik und den ganzen Rest, aber ein Maler, das heißt einer der malt, wie versteht der, das eine Linie größere Bedeutung hat als eine andere, eine Farbe im Einklang oder im Missklang mit der anderen steht? Das heißt, die Grammatik oder besser gesagt die Harmonie der Linien und Farben.« Der Maler hörte ihr immer überraschter zu.

»Wo haben Sie denken gelernt?«

»Denken ist ein menschliches Vorrecht, glaube ich.« Francesca sah ihm überrascht in die Augen; es war klar, dass sie nicht wusste, ein besonderes Mädchen zu sein, weil sie denken konnte. Der Maler ließ ein Lächeln erkennen. Er war an diesem Morgen mit dem Wissen aufgestanden, dass dieser Tag wie viele andere Tage werden würde: zuerst eine Arbeit beenden, die ihm ein wenig Geld einbringen würde,

colpo, la porta si era aperta ed era entrata una creatura, una creatura umana così come ogni uomo sogna di incontrare almeno una volta nella vita: candida, sensibile e con un cervello capace di pensare. Sentì una strana fitta nella regione del cuore. Non capì cosa gli stava succedendo: qualcosa di caldo, dolce gli penetrò fin sotto la pelle, si diffuse in tutto il corpo e lo travolse. Per un secondo non fu più padrone di se stesso. La voce insicura, quasi roca:

«Temo di dire una banalità, ma non mi viene niente di più intelligente. Come si fa a capire che una persona è proprio quella che si aspetta da una vita? Come spiegare perché ci si innamora di una persona piuttosto di un'altra?» Cercò subito di riprendersi. «In fondo si tratta dello stesso particolare istinto che ci guida nella scelta dei colori, delle linee, nella composizione di un quadro... mi capisce? Dipingere è un atto di amore.» Francesca arrossì di nuovo: possibile che tutti gli uomini pensino sempre alla stessa cosa? Anche un pittore è e resta un uomo, pensò.

«Lei confonde un sentimento e magari un istinto con un movimento stilistico o una tecnica artistica. Io cerco una tecnica pittorica e lei mi parla d'amore! Si tratta forse di un atto d'amore quando si buttano secchi di colori su una tela affidando al caso le forme che eventualmente ne verranno fuori? Lei ha dipinto col pennello, quello che si definirebbe una tecnica antica, ormai sorpassata. È per questo motivo che sono venuta a cercarla. All'Accademia non si dipinge più così, l'arte figurativa ha fatto il suo tempo, dicono, rappresentare gli oggetti, la realtà, come in una fotografia, non è moderno. Lei invece ha fatto una natura morta.» Il pittore subito si risentì. Una natura morta la sua composizione?

dann ins Atelier gehen, um vor einer Leinwand mit sich selbst zu kollidieren und plötzlich hatte sich die Tür geöffnet und es ist ein Wesen eingetreten, ein menschliches Wesen, dem zu begegnen sich jeder Mann zumindest einmal im Leben erträumt: unschuldig, feinfühlig und mit einem Kopf fähig zu denken. Er spürte ein seltsames Ziehen in der Herzgegend. Er verstand nicht, was mit ihm passierte: etwas Warmes, Süßes drang ihm unter die Haut, breitete sich im ganzen Körper aus und übermannte ihn. Für einen Augenblick war er nicht mehr Herr über sich selbst. Die Stimme war unsicher, beinahe heiser.

»Ich fürchte eine Banalität auszusprechen, aber mir fällt nichts Intelligenteres ein. Wie kann man verstehen, dass ein Mensch genau der ist, auf den man ein Leben lang gewartet hat? Wie erklären, warum man sich in den einen Menschen und nicht in einen anderen verliebt?« Er versuchte gleich wieder sich zu fangen. »Im Grunde handelt es sich um denselben besonderen Instinkt, der uns bei der Farbenwahl, bei der Wahl der Linien, bei der Komposition eines Bildes leitet ... verstehen Sie mich? Malen ist ein Akt der Liebe.« Francesca errötete erneut: kann es sein, dass alle Männer immer an dieselbe Sache denken? Auch ein Maler ist und bleibt ein Mann, dachte sie.

»Sie verwechseln ein Gefühl und vielleicht einen Instinkt mit einer Stilrichtung oder einer künstlerischen Technik. Ich suche nach einer Maltechnik und Sie sprechen von Liebe! Handelt es sich etwa um einen Akt der Liebe, wenn man Kübel voller Farbe auf eine Leinwand schüttet, es dem Zufall überlässt, welche Formen vielleicht dabei herauskommen? Sie haben mit dem Pinsel das geschaffen, was man als alte, mittlerweile überholte Technik bezeichnen könnte. Deshalb habe ich Sie gesucht. An der Akademie malt man nicht mehr so, die Zeiten der darstellenden Kunst sind vorbei, sagen sie, Gegenstände, die Wirklichkeit darzustellen wie auf einer Fotografie, ist nicht mehr modern. Sie hingegen haben ein Stillleben gemalt.« Der Maler war sofort gekränkt. Seine

Una doccia fredda che lo fece tornare in sé.

Gelido, staccando le parole:
«Lei mi ha frainteso. È stato solo un paragone forse malriuscito... e poi mai mi passerebbe per la testa di parlare d'arte con una ragazzina che studia all'Accademia.» Si girò deciso e tornò al suo lavoro. Francesca, quantomai frastornata dalla piega che stava prendendo il discorso, pensò di andare via, senza aggiungere altro. Ma in qualche modo se ne dispiacque. Fino a quel momento aveva avuto l'impressione di aver incontrato una persona interessante, diversa. Un artista, appunto, e si ritrovava davanti un uomo. Un uomo comune. Rifletté un momento: in fondo gli artisti sono anche esseri umani, ma non riuscì a pensare oltre. Insicura su come proseguire restò in mezzo alla stanza.

Il pittore, lui stesso sorpreso della propria indignazione, avrebbe voluto prendersi a schiaffi e non sapeva perché. Sentiva dentro di sé solo rabbia, una furia, una voglia di spaccare tutto: era come se fosse stato colto in flagrante. Flagrante di che? Pensò: perché mi sono messo a discutere con questa ragazzina? Ti sta bene, vecchio imbecille.

Francesca intanto appoggiò il quadro su un arnese non ben identificato che vide sul pavimento.
«Mi dispiace. Credo sia meglio togliere il disturbo. Buon giorno.» E uscì con un nodo alla gola, stranamente avvilita.

Lui, senza neanche girarsi, borbottò qualcosa.

Komposition ein Stillleben? Eine kalte Dusche, die ihn zu sich kommen ließ.

Eiskalt, die Worte skandierend sagte er:

»Sie haben mich missverstanden. Es war nur ein vielleicht missratener Vergleich ... und dann würde es mir nie in den Sinn kommen, mit einem jungen Mädchen, das an der Akademie studiert über Kunst zu reden.« Entschlossen drehte er sich um und ging zu seiner Arbeit zurück. Überaus verwirrt von der Wendung, die das Gespräch genommen hatte, dachte Francesca zu gehen ohne etwas hinzuzufügen. Aber irgendwie tat es ihr Leid. Bis zu diesem Moment hatte sie den Eindruck gehabt, einem interessanten, einem ungewöhnlichen Menschen begegnet zu sein. Einem Künstler eben, und sie sah sich einem Mann gegenüber. Einem gewöhnlichen Mann. Sie überlegte einen Augenblick: im Grunde sind die Künstler auch menschliche Wesen, aber es gelang ihr nicht weiterzudenken. Unsicher wie sie fortfahren sollte, blieb sie mitten im Raum stehen.

Der Maler, gleichfalls von der eigenen Entrüstung überrascht, hätte sich ohrfeigen wollen und wusste nicht warum. In sich fühlte er nur Zorn, eine Wut, die Lust alles zu zerstören: es war, als wäre er auf frischer Tat ertappt worden. Auf frischer Tat von was? Er dachte: Warum habe ich mit einem Mädchen zu diskutieren begonnen? Recht geschieht dir, alter Blödmann.

Inzwischen lehnte Francesca das Bild an ein nicht genau identifizierbares Gerät, das dort herumstand.

»Es tut mir Leid. Ich glaube, es ist besser, ich störe nicht länger. Guten Tag.« Sie ging mit einem Knoten im Hals, seltsam niedergeschlagen.

Er, ohne sich umzudrehen, brummte irgendetwas vor sich hin.

Una cena per due

Anselmo appoggiò il cucchiaio sul piatto in dubbio se dire qualcosa o lasciar perdere. La moglie, seduta di fronte a lui lo squadrò un momento e appoggiò anche lei il cucchiaio sul piatto:

«C'è qualcosa che non va?»

«Sarei curioso di sapere che ci hai messo dentro. Non riesco ad identificare il gusto principale... per non parlare di quello secondario.»

«Non farla lunga. Ti piace o non ti piace?»

«Non è così facile come credi: il colore è, diciamo così, sospetto. Verdognolo, avvelenato. Sarei curioso di sapere perché si pensa sempre che il veleno debba avere questo colore.» La moglie lo interruppe, subito irritata.

«Vuoi insinuare che ho avvelenato la minestra? Non vedi che la mangio anch'io e ha lo stesso colore?»

«Ma cosa vai a pensare! Chi sta parlando di veleno? Io ho solo detto che ha un colore un poco avvelenato e ho parlato di colore e non di sapore. D'altra parte come si fa a parlare di ciò che non c'è, per esempio di sapore, o meglio di gusto, quando manca del tutto. Dovremmo incominciare a filosofare, per esempio, parlare di ciò che non c'è. Magari inventarci qualcosa solo per il piacere di fare quattro chiacchiere insieme. Passami il sale, forse manca solo il sale.»

«...Per favore! Non ti romperai la mascella se aggiungi un 'per favore'!» Anselmo la fissò un secondo, indeciso se continuare quella discussione.

Ein Abendessen für zwei

Anselmo legte den Löffel auf den Teller, zweifelnd, ob er etwas sagen oder es besser bleiben lassen sollte. Seine Frau, die ihm gegenüber saß, musterte ihn einen Augenblick und legte ihrerseits den Löffel auf den Teller.

»Passt irgendetwas nicht?«

»Ich möchte wissen, was du hineingetan hast. Ich kann den primären Geschmack nicht identifizieren ... vom sekundären ganz zu schweigen.«

»Mach kein Theater. Schmeckt sie oder schmeckt sie nicht?«

»Es ist nicht so einfach, wie du glaubst: die Farbe ist, sagen wir einmal, verdächtig. Grünlich, vergiftet. Ich wüsste gerne, warum man immer denkt, dass Gift diese Farbe haben muss.« Seine Frau unterbrach ihn sofort gereizt.

»Willst du mir unterstellen, dass ich die Suppe vergiftet habe? Siehst du nicht, dass auch ich sie esse und sie hat dieselbe Farbe?«

»Aber was denkst du! Wer redet denn von Gift? Ich habe nur gesagt, dass sie eine etwas vergiftete Farbe hat und ich habe von Farbe gesprochen und nicht von Geschmack. Andererseits, wie soll man über etwas reden, das nicht da ist, zum Beispiel über Geschmack, oder besser gesagt über Gusto, wenn er völlig fehlt. Wir müssten anfangen zu philosophieren, zum Beispiel über das reden, was nicht ist. Wir könnten gar etwas erfinden, einzig für den Genuss ein bisschen miteinander zu quatschen. Reich mir das Salz, vielleicht fehlt nur das Salz.«

»... bitte! Du wirst dir wohl nicht den Kiefer brechen, wenn du ein 'bitte' hinzufügst!« Anselmo starrte sie einen Augenblick lang an, unentschlossen, ob er die Diskussion

«Tutto sarebbe più facile se prendessi l'eroica decisione di apparecchiare in modo razionale, per esempio mettendo la roba in mezzo alla tavola, una saliera, una oliera, che so io.» E si morse subito la lingua. In realtà un secondo prima aveva deciso di lasciar perdere. Luisa, tenendo ancora la saliera in mano in attesa della piccola parola magica, lo guardò come si guardano i bambini quando ci si aspetta una certa risposta e solo quella. Quel gesto, quello sguardo bastò per farlo imbestialire.

«Sempre quella maledetta buona educazione, sempre la figlia dell'ingegnere, sempre la famiglia della borghesia arricchita non si sa bene come, con la puzzetta sotto il naso.» Luisa non volle cogliere l'allusione, ormai trita e ritrita. Lo interruppe subito per impedirgli di inveire ancora una volta contro i suoi genitori, morti già da anni ma ancora assai presenti nella memoria del marito, pronto a tirarli in ballo in ogni occasione, a torto o a ragione.

«Senza dire che se il mio modo di apparecchiara la tavola non ti garba non hai che da cambiarlo. Nessuno ti ha mai proibito di apparecchiare la tavola.» E appoggiò di nuovo la saliera in mezzo alla tavola, bene in vista.

«Se devo anche apparecchiare non so poi dove arriviamo. Magari pretenderai che cucini il pranzo, dato che la tua cucina lascia molto a desiderare e, di conseguenza, vada anche a fare la spesa, visto che non sai neanche spendere i soldi che ti do; che pulisca la casa perché c'è polvere dappertutto; che lavi anche la biancheria e stiri le camicie.» Si fermò, scoraggiato: si era infilato in un bel ginepraio, come sempre, come ogni giorno. Quella donna riusciva ancora a provocarlo, a farlo uscire dai gangheri, nonostante i tanti anni di matrimonio – quanti? in quel momento non ricorda-

fortsetzen sollte.

»Alles wäre einfacher, wenn du den heldenhaften Entschluss treffen würdest, auf rationale Weise den Tisch zu decken, zum Beispiel die Dinge mitten auf den Tisch zu stellen, einen Salzstreuer, die Menage, was weiß ich«, und biss sich gleich auf die Zunge. Eigentlich hatte er eine Sekunde zuvor beschlossen, es sein zu lassen. Luisa, den Salzstreuer noch in der Hand, in Erwartung des kleinen magischen Wortes, schaute ihn an, wie man kleine Kinder ansieht, wenn man eine bestimmte Antwort von ihnen erwartet und nur diese. Diese Geste, dieser Blick genügte, um ihn wütend zu machen.

»Immer diese verfluchte gute Erziehung, immer die Ingenieurstochter, immer die, wer weiß wie, reich gewordene Familie der Bourgeoisie mit dem Dünkel.« Luisa wollte die, inzwischen breitgetretene Anspielung, nicht aufnehmen. Sie unterbrach ihn sofort, um ihn daran zu hindern wieder einmal gegen ihre seit Jahren verstorbenen, aber immer noch in der Erinnerung des Ehemanns lebendigen Eltern zu wettern, bei jeder Gelegenheit bereit, sie, mit oder ohne Grund ins Spiel zu bringen.

»Ohne zu bedenken, dass, wenn dir meine Art den Tisch zu decken nicht passt, brauchst du sie nur ändern. Niemand hat dir verboten, den Tisch zu decken«, und sie stellte den Salzstreuer wieder gut sichtbar in die Mitte des Tisches.

»Wenn ich auch noch den Tisch decken muss, weiß ich nicht, wo uns das noch hinführen soll. Vielleicht verlangst du dann noch, dass ich das Mittagessen koche, da deine Küche sehr zu wünschen übrig lässt und ich deshalb auch den Einkauf erledige, da du nicht einmal das Geld auszugeben weißt, das ich dir gebe, oder dass ich die Wohnung putze, weil überall Staub liegt; oder dass ich die Wäsche wasche und die Hemden bügle.« Er hielt entmutigt inne. Er hatte sich in die Nesseln gesetzt, wie immer, wie jeden Tag. Diese Frau vermochte immer noch ihn zu provozieren, ließ ihn aus der Haut fahren, trotz all der Ehejahre – wie viele denn?

va neanche quanti –. Luisa colse la palla al balzo, quasi non avesse aspettato altro.

«Da quando sei in pensione non fai niente, trascorri le tue giornate fra un sonnellino e l'altro. Penso che ormai dovresti averne abbastanza di dormire. E se non dormi ti pianti davanti al televisore e guardi qualsiasi scemenza, perfino la pubblicità. Mi domando se ti accorgi di quello che ti passa davanti agli occhi. Ah sì, le donnine nude, quelle sì che ti interessano, nonostante l'età. Ci sarebbe da vergognarsi. Vivi ormai di fantasia, fantasie sporche che forse ti danno ancora un po' di solletico. Non mi meraviglierei se scoprissi che ti compri i video porno.» Il marito, ormai furioso, batté un pugno sul tavolo, tanto da far saltare le posate e il resto.

«La vuoi smettere? Come ti permetti di entrare nell'intimità della mia vita? Tu da quando hai la menopausa sei diventata intrattabile, più congelata di prima. Ma lasciamo stare. Io non mi metto a discutere con una donnicciola come te! Piuttosto, porta via questa minestra.»

«Il signorino dà ordini alla filippina, vuole essere servito.» Luisa si alzò, afferrò il piatto con tutta la malagrazia cui era capace e mentre andava in cucina continuò a borbottare. «Se mi aiutasse un poco in casa si annoierebbe di meno e la smetterebbe di seccare.»

Il tema della menopausa la imbarazzava più di quanto volesse ammettere: in realtà ne soffriva al punto da esser andata dal suo ginecologo per farsi dare delle pillole di ormoni che ristabilissero il ciclo. Non per questo sopportava che lui le mettesse le mani addosso. Un rifiuto fisico che risaliva a molti, molti anni prima. A ben pensarci, addirittura al primo approccio: Anselmo conosceva solo il modo brusco,

In diesem Augenblick erinnerte er sich nicht einmal, wie viele es waren. Luisa nahm das Argument auf, so, als habe sie auf nichts anderes gewartet:

»Seit du in Rente bist, tust du nichts, verbringst deine Tage zwischen einem Nickerchen und dem nächsten. Ich denke, dass du inzwischen genug geschlafen haben solltest. Und wenn du nicht schläfst, setzt du dich vor den Fernseher und schaust dir jeden Blödsinn an, sogar die Werbung. Ich frage mich, ob du überhaupt bemerkst, was vor deinen Augen abläuft. Ach ja, die nackten Frauen, die interessieren dich schon, trotz deines Alters. Man könnte sich schämen. Du lebst inzwischen von der Phantasie, von schmutzigen Phantasien, die dir vielleicht noch ein wenig Nervenkitzel verschaffen. Es würde mich nicht wundern zu entdecken, dass du dir Pornovideos kaufst.« Der Mann, mittlerweile wütend, schlug mit der Faust so fest auf den Tisch, dass das Besteck und der ganze Rest schepperten.

»Kannst du aufhören? Wieso erlaubst du dir in die Intimität meines Lebens einzudringen? Seit du in die Wechseljahre gekommen bist, bist du unerträglich geworden und kälter noch als zuvor. Aber lassen wir das. Ich diskutiere nicht mit einem Frauenzimmer wie dir! Bring statt dessen diese Suppe weg!«

»Das Herrchen erteilt der Philippinin Befehle, möchte gerne bedient werden.« Luisa stand auf, nahm den Teller mit der ganzen Grobheit, zu der sie fähig war, ging in die Küche und grummelte dabei: »Wenn er mir ein wenig zur Hand ginge, würde er sich weniger langweilen und aufhören mich zu nerven.«

Die Geschichte mit den Wechseljahren versetzte sie in größere Unruhe, als sie sich eingestehen wollte. In Wirklichkeit litt sie so sehr darunter, dass sie sich an den Gynäkologen gewandt hatte, um sich Hormonpillen verschreiben zu lassen, die den Zyklus wieder in Gang bringen sollten. Deshalb aber duldete sie es doch nicht, dass er sie anfasste. Eine körperliche Zurückweisung, deren Ursprung viele, viele Jah-

l'assalto tempestoso e cercava solo il proprio piacere, subito, immediato. C'era un che di malsano nel suo modo di trattarla, di estremamente egoistico. Come uno che si butta a capofitto in una difficile situazione e cerca di uscirne il più presto possibile, pagando il meno possibile. Forse si trattava solo di una lunga adolescenza, protratta oltre i limiti consentiti dal buon senso comune, o di problemi non risolti con la propria sessualità. Dopo lunghe riflessioni, aveva preso il coraggio a due mani e ne aveva parlato col suo medico di fiducia: chi dice che gli uomini non hanno problemi con la sessualità? Aveva solo risposto, e le aveva consigliato di leggere qualche libro che trattasse esplicitamente questo tema. Poi, in un momento opportuno, di parlarne con lui. La sua reazione era stata assai violenta: a lui non doveva insegnare niente nessuno, sapeva il fatto suo e infine era una vergogna che lei si interessasse di cose di sesso al punto da leggere dei libri! Certe cose si sanno e basta, non c'è bisogno di parlarne. Questa la sua opinione.

«E chi ti ha detto che mi annoio? Io mi sto riposando dopo trentacinque anni di lavoro e ne ho pieno diritto.»

«Bel lavoro, starsene seduto tutto il giorno dietro una scrivania e spostare pile di documenti da una parte all'altra!»

«Se per te lavorare significa solo spaccare pietre o andare in giro per un cantiere e guardare come gli altri lavorano, come faceva tuo padre, hai sposato l'uomo sbagliato: io ho lavorato con la testa e non con le mani. Piuttosto, c'è altro da mangiare?»

Luisa, tornando dalla cucina con la seconda portata, non

re zurücklag. Wenn sie sich recht erinnerte, beim ersten Annäherungsversuch. Anselmo kannte nur die brüske Art, den stürmischen Angriff und er suchte nur den eigenen Genuss, sofort, unmittelbar. Da war etwas Krankhaftes, extrem Egoistisches in seiner Art sie zu behandeln, wie jemand, der sich kopfüber in eine schwierige Angelegenheit stürzt und versucht, so schnell wie möglich, so billig wie möglich aus der Sache herauszukommen. Vielleicht handelte es sich bloß um eine lange über den nach gesundem Menschenverstand zulässigen Zeitraum hinaus verlängerte Pubertät oder um ungelöste Probleme mit der eigenen Sexualität. Nach langem Überlegen hatte sie Mut gefasst und hatte mit ihrem Arzt ihres Vertrauens gesprochen. „Wer behauptet denn, Männer hätten keine Probleme mit der Sexualität?", hatte der gesagt und ihr geraten, das eine oder andere Buch zu lesen, die explizit dieses Problem behandelten. Dann sollte sie in einem geeigneten Moment mit ihrem Mann drüber reden. Dessen Reaktion war ziemlich heftig: ihm brauche niemand etwas beibringen, er wisse, was Sache ist und dass es eine Schande sei, dass sie sich so sehr für sexuelle Dinge interessiere, dass sie sogar Bücher darüber lese! Gewisse Dinge weiß man und Schluss, man muss nicht darüber reden. Das sei seine Meinung.

»Und wer hat dir gesagt, dass ich mich langweile? Ich ruhe mich nach fünfunddreißig Jahren Arbeit aus und ich habe jedes Recht darauf.«

»Schöne Arbeit, den ganzen Tag hinter einem Schreibtisch sitzen und Aktenstapel von einer auf die andere Seite schieben!«

»Wenn für dich arbeiten nur Steine klopfen oder auf Baustellen herumgehen bedeutet, um zuzusehen, wie andere arbeiten, so wie es dein Vater gemacht hat, hast du den falschen Mann geheiratet: ich habe mit dem Kopf gearbeitet und nicht mit den Händen. Übrigens gibt es noch was anderes zum Essen?«

Luisa kam mit dem zweiten Gang aus der Küche, und

poté non ribattere fra i denti:

«Non c'è proprio bisogno che me lo dica tu che ho sposato l'uomo sbagliato. Lo so già da un pezzo.» Mise il piatto in tavola, in mezzo alla tavola, e si sedette. Il marito aspettò qualche secondo. Un buon odore di carne stufata arrivò fino alle sue narici e, anche se non lo avrebbe mai ammesso, se ne sentì solleticato. Inoltre aveva fame e le poche cucchiaiate di quella roba verdastra, annacquata, non avevano riempito neanche in minima parte il buco che si apriva nel suo stomaco. Non si fece però molte illusioni: Luisa non era una buona cuoca, cucinava di mala voglia – bastava sentire come sbatteva le pentole da tutte le parti in cucina sbraitando, bruciando sistematicamente qualsiasi pietanza, dimenticando ora il sale, ora l'olio, ora un qualche ingrediente necessario per dare gusto alla pietanza. Fosse stato per lei sarebbero andati ogni giorno in trattoria.

Visto che la moglie non si decideva a servirlo, cosa che considerava essere suo dovere, si apprestò a servirsi da solo. Si accorse subito di avere qualche difficoltà. Non sapeva da che parte cominciare, quale pezzo di carne scegliere, quanto sugo prendere e come prenderlo. Indeciso, non osando accostare il proprio piatto al piatto di portata, al primo tentativo fallì: nel breve tragitto fra i due piatti si perse il pezzo di carne e imbrattò vistosamente la tovaglia di sugo, mentre, pur non guardandola, sentiva lo sguardo carico di disprezzo della moglie che immobile continuava a osservarlo, fredda fredda, senza un commento.

Ma non resistette a lungo:

«Ti ho educato male, anzi, tua madre ti ha educato male: ti ha sempre servito di tutto punto e non mi meraviglierei se anche la mattina del nostro matrimonio, prima di andare in chiesa, non sia corsa nella tua stanza per infilarti i pedalini e allacciarti le scarpe. Fino a quanti anni ti ha imboccato?

konnte es sich nicht verbeißen zu sagen:

»Dass ich den falschen Mann geheiratet habe, brauchst nicht du mir zu sagen. Das weiß ich schon lange.« Sie stellte den Teller auf den Tisch, mitten auf den Tisch, und setzte sich. Ihr Mann wartete einige Sekunden. Ein guter Geruch von geschmortem Fleisch stieg in seine Nase und auch, wenn er es nie zugegeben hätte, es gelüstete ihn danach. Außerdem hatte er Hunger und die paar Löffel von dem grünlichen, wässrigen Zeug, hatten nicht einmal einen kleinen Teil des Loches gestopft, das sich in seinem Magen aufgetan hatte. Er machte sich aber keine Illusion: Luisa war keine gute Köchin und kochte nur ungern – man brauchte nur zu hören, wie sie in der Küche laut schimpfend die Töpfe überall herumschubste, systematisch jedes Gericht anbrennen ließ, einmal das Salz, dann das Öl, ein anderes Mal sonst eine notwendige Zutat vergaß, die es brauchte, um dem Gericht Geschmack zu verleihen. Wenn es nach ihr gegangen wäre, wären sie jeden Tag ins Gasthaus gegangen.

Da seine Frau sich nicht anschickte ihn zu bedienen, was er als ihre Pflicht ansah, entschloss er sich sich selbst etwas zu nehmen. Er bemerkte gleich, dass er Schwierigkeiten damit hatte. Er wusste nicht, wo er anfangen, welches Stück er nehmen sollte, wie viel Soße und wie. Unentschlossen wagte er nicht seinen Teller zum Vorlegeteller zu schieben und scheiterte beim ersten Versuch: auf der kurzen Strecke zwischen den beiden Tellern verlor er das Fleischstück und beschmutzte die Tischdecke beträchtlich mit Soße, während er, obwohl er sie nicht ansah, den Blick voller Missachtung seiner Frau auf sich spürte, die unbeweglich, eiskalt, ohne Bemerkung fortfuhr ihn zu beobachten.

Doch sie hielt nicht lange stand.

»Ich habe dich schlecht erzogen, das heißt, deine Mutter hat dich schlecht erzogen. Sie hat dich immer und überall bedient und es würde mich nicht wundern, wenn sie selbst am Tag unserer Hochzeit, bevor du in die Kirche gingst, in dein Zimmer geeilt wäre, um dir die Socken anzuziehen und

Questo, la buonanima di tua madre non me l'ha mai voluto raccontare. Penso proprio che sia arrivato il momento di diventare adulti, visto che addirittura sei pensionato! Da oggi in poi non ti servo più.»

Anselmo lasciò cadere il cucchiaio nel piatto di portata, facendo schizzare la salsa da tutte le parti, e si alzò. Senza una parola uscì dal tinello, andò in anticamera, infilò il soprabito e aprì la porta d'ingresso. Luisa balzò dalla sedia e gli corse dietro.

«Che intenzioni hai? Dove vuoi andare?»

«Vado a mangiare al ristorante, lì pago e vengo servito. Qui pago e non vengo servito... senza contare che quello che mi servono è mangiabile.» E uscì sbattendo la porta. Luisa si fermò nell'anticamera, letteralmente di sasso. La testa vuota, non sapeva come reagire: era impazzito? Si riprese subito, perché dopo neanche un minuto il campanello prese a suonare con impazienza. Luisa non si mosse. Dopo un po' sentì la voce soffocata di Anselmo.

«Luisa, apri. Lo so che sei dietro la porta. Ho dimenticato di mettermi le scarpe. Sono in pantofole e anche le chiavi di casa ho dimenticato!» Luisa, ancora sotto shock, mosse solo un braccio e aprì la porta. Fece un passo indietro e il marito si precipitò dentro, furioso. Si guardò intorno in cerca delle sue scarpe, lasciate da qualche parte, non ricordava più dove. Da giorni non usciva di casa. Le trovò e le tenne in mano, di colpo avvilito, indeciso sul da farsi. Poi cominciò a slacciare le scarpe e ripensò alla madre, che effettivamente gli faceva trovare le scarpe sempre pronte accanto al letto, ben slacciate, affinché le potesse infilare con facilità, senza doversi piegare in due e spesso gliele allacciava lei stessa, la sua mamma, morta solo da qualche anno. Allora era solo un ragazzino, e lei ancora giovane, svelta, piena di amorose premure per il suo unico figlio, mentre al padre riservava sem-

die Schuhe zu binden. Bis zu welchem Alter hat sie dich gefüttert? Das hat deine Mutter, die gute Seele, mir nie erzählen wollen. Ich denke, es ist der Moment gekommen erwachsen zu werden, jetzt, da du sogar in Rente bist! Von heute an bediene ich dich nicht mehr.«

Anselmo ließ den Löffel in den Vorlegeteller fallen, dass die Soße in alle Richtungen spritzte und stand auf. Ohne ein Wort verließ er das Esszimmer, ging in den Vorraum, zog den Mantel an, öffnete die Eingangstür. Luisa sprang vom Stuhl auf und lief ihm hinterher.

»Was hast du vor? Wo willst du hin?«

»Ich geh ins Restaurant essen, dort bezahle ich und werde bedient. Hier bezahle ich und werde nicht bedient ... ohne zu bedenken, dass das, was sie mir servieren, essbar ist.« Und er ging, die Tür hinter sich zuwerfend. Luisa blieb geradezu versteinert im Vorzimmer stehen. Den Kopf leer, wusste sie nicht, wie reagieren; war er übergeschnappt? Sie fing sich gleich wieder, denn nach nicht einmal einer Minute fing die Klingel ungeduldig zu läuten an. Luisa rührte sich nicht. Nach einer Weile hörte sie die gedämpfte Stimme Anselmos.

»Luisa, mach auf! Ich weiß, dass du hinter der Tür stehst. Ich habe vergessen die Schuhe anzuziehen. Ich bin in Pantoffeln und habe den Schlüssel vergessen!« Luisa, noch immer geschockt, hob nur den Arm und öffnete die Tür. Sie machte einen Schritt zur Seite und der Mann stürmte zornig herein. Er sah sich nach seinen Schuhen um, die er irgendwo, er erinnerte sich nicht wo, stehen gelassen hatte. Seit Tagen ging er nicht aus dem Haus. Er fand sie und hielt sie in den Händen, plötzlich entmutigt, unentschlossen, was zu tun sei. Dann begann er die Schuhbänder aufzumachen und dachte an die Mutter, die ihm in der Tat immer die Schuhe griffbereit neben dem Bett bereitgestellt hatte, mit losen Schubändern, damit er leicht hineinschlüpfen konnte, ohne sich bücken zu müssen und oft band sie sie ihm, seine Mama, die erst vor wenigen Jahren verstorben war. Damals

pre malumori e impazienza cronica.

Luisa intanto lo osservava senza intervenire.

Era scoraggiata, ma anche disorientata. Questa improvvisa impennata del marito, del tutto insolita, l'umore nero degli ultimi tempi e il silenzio a volte interrotto da soliloqui amari, rivolti più a se stesso che a lei, riflessioni sull'inutilità della vita, sul tempo che passa senza lasciare traccia, sulla solitudine retaggio dell'essere umano. Tutto cominciava a inquietarla seriamente: da quando era in pensione aveva l'impressione di vivere con un estraneo. Ora guardandolo si chiese se effettivamente fosse cambiato.

Ma forse era sempre stato così e non se ne era mai accorta.

Negli ultimi trent'anni lo aveva visto assai poco, solo la mattina presto, prima di andare in ufficio e la sera, all'ora di cena.

E i fine settimana.

Se avesse dovuto dire cosa avevano fatto durante le centinaia e anche migliaia di fine settimana della loro vita in comune, non avrebbe saputo rispondere. Lui in ogni caso si era riposato piantandosi davanti al televisore già di prima mattina. E lei era andata a trovare la madre, le sorelle, le amiche. Da sola.

Magari al ritorno non lo trovava in casa, solo un biglietto, per avvertirla che sarebbe tornato tardi. Cenava fuori quasi ogni fine settimana, con amici, colleghi d'ufficio. Diceva. Convinto che tanto lei non avrebbe creduto una sola parola; alla fine, non si preoccupava di trovare scuse migliori perché tanto lei non lo avrebbe neanche ascoltato.

war er noch ein Kind und sie noch jung, flink, voller liebevoller Aufmerksamkeit für ihren einzigen Sohn, während sie für den Vater immer nur schlechte Laune und chronische Ungeduld übrig hatte.

Luisa beobachtete ihn ohne einzugreifen.

Sie war entmutigt, aber auch desorientiert. Dieses plötzliche Aufbäumen des Ehemanns, völlig ungewöhnlich, die schlechte Laune der letzten Zeit und das Schweigen, manchmal von verbitterten Selbstgesprächen mehr an sich selbst gerichtet als an sie, Überlegungen über die Nutzlosigkeit des Lebens, über die Zeit, die vergeht ohne Spuren zu hinterlassen, über die Einsamkeit, Erbgut des menschlichen Wesens. Das alles begann sie ernsthaft zu beunruhigen: seit er in Rente war, hatte sie den Eindruck mit einem Fremden zu leben. Jetzt, während sie ihn ansah, fragte sie sich, ob er sich wirklich verändert hatte.

Aber vielleicht ist er immer so gewesen und sie hatte es nicht bemerkt.

In den letzten dreißig Jahren hatte sie ihn selten gesehen, nur am frühen Morgen, bevor er ins Büro gegangen war und am Abend, beim Abendessen.

Und an den Wochenenden.

Wenn sie hätte sagen sollen, was sie während hunderter, auch tausender Wochenenden ihres gemeinsamen Lebens gemacht hatten, sie hätte nicht zu antworten gewusst. Er jedenfalls hatte sich ausgeruht, indem er sich bereits am frühen Morgen vor den Fernseher setzte. Und sie war die Mutter, die Schwestern, die Freundinnen besuchen gegangen. Alleine.

Bei ihrer Rückkehr traf sie ihn vielleicht nicht zu Hause an, nur einen Zettel, um sie zu benachrichtigen, dass er später nach Hause kommen würde. Er aß fast jedes Wochenende auswärts, mit Freunden, Kollegen aus dem Büro. Sagte er. Überzeugt, dass sie kein einziges Wort glauben würde. Am Ende bemühte er sich gar nicht mehr, bessere Ausreden zu erfinden, sie hätte ihm ja trotzdem nicht zugehört.

Durante le vacanze poi, le due classiche settimane d'estate, lui continuava a riposarsi, disteso su uno sdraio, in una spiaggia adriatica, sempre la stessa; mentre lei, annoiata, seduta al bar, davanti a una bibita gelata, cercava di catturare gli sguardi soprattutto dei bagnanti più giovani, quelli col fisico atletico: la sera, al ristorante dell'albergo, aveva poi goduto delle occhiate piene di ammirazione di tutti gli uomini, senza differenza di età. E non soltanto degli uomini: non disprezzava neanche quelli carichi d'invidia delle donne, delle mogli. I grandi momenti della sua vita, i suoi trionfi.

Una magnifica vendetta verso l'indifferenza del marito.

Era la prima volta che trascorrevano ininterrottamente due mesi insieme, giorno e notte, dalla mattina alla sera. E ogni giorno che passava si rendeva sempre più conto di vivere insieme a uno sconosciuto: lui con ogni probabilità stava arrivando alla stessa conclusione, ne era convinta. Negli ultimi tempi aveva spesso sorpreso gli occhi di lui fissi su di se e in quel suo modo di guardarla aveva notato qualcosa di inquietante, una nuova acredine, un rancore sordo che riusciva a malapena ad articolare con frecciatine avvelenate (non come la minestra) e commenti impietosi che lei cercava di ignorare. Quasi rimpiangeva la vecchia indifferenza, quello sguardo che per anni era passato attraverso di lei senza lasciare il segno, neanche fosse stata trasparente. Ma se avesse avuto il coraggio di scrutare più in fondo, in quegli occhi, avrebbe letto inimicizia, stupore. Disgusto. E chissà, anche odio. Magari soltanto la sorpresa di vedere quella donna anziana al suo fianco, quella sconosciuta, e non la giovinetta che aveva sposato un numero infinito di anni prima.

Anselmo, dopo qualche minuto, colto dal ridicolo di tutta

Während der Ferien dann, die klassischen zwei Wochen im Sommer, fuhr er fort sich auszuruhen, ausgestreckt auf einem Liegestuhl an einem Adriastrand, immer derselbe, während sie gelangweilt an der Bar vor einem eisgekühlten Getränk sitzend versuchte, die Blicke der Badegäste auf sich zu lenken, vor allem der jüngeren, die mit den athletischen Körpern. Am Abend im Restaurant des Gasthofs hatte sie dann die bewundernden Blicke aller Männer jeden Alters genossen. Und nicht nur der Männer: sie verachtete nicht einmal die neidvollen Blicke der Frauen, der Ehefrauen. Die großen Momente in ihrem Leben, ihre Triumphe.

Eine wunderbare Rache für die Gleichgültigkeit des Mannes.

Es war das erste Mal, dass sie zwei Monate ununterbrochen zusammen waren, Tag und Nacht, von morgens bis abends. Und mit jedem Tag, der verging, wurde ihr immer bewusster, dass sie mit einem Fremden zusammenlebte: höchstwahrscheinlich kam er zu demselben Schluss, da war sie sich sicher. In letzter Zeit hatte sie oft seine auf sie gerichteten Blicke gesehen, und in der Art, wie er sie ansah, hatte sie etwas Beunruhigendes bemerkt, eine neue Bitterkeit, einen Groll, den er mit Mühe in vergiftete Bemerkungen zu kleiden wusste (nicht wie die Suppe) und unbarmherzige Kommentare, die sie zu ignorieren versuchte. Sie trauerte beinahe der alten Gleichgültigkeit nach, diesem Blick, der jahrelang durch sie hindurchgegangen war, ohne Spuren zu hinterlassen, so, als ob sie durchsichtig gewesen wäre. Aber wenn sie den Mut gehabt hätte in diesen Augen weiter zu forschen, sie hätte Feindschaft darin gelesen, Staunen. Ekel. Und wer weiß, auch Hass. Vielleicht nur die Überraschung diese betagte Frau an seiner Seite zu sehen, diese Unbekannte, und nicht das junge Mädchen, das er vor unzähligen Jahren geheiratet hatte.

Nach einigen Minuten, als Anselmo die Lächerlichkeit dieser

quella scena, si fermò e senza dire una parola rimise a posto le scarpe, si tolse sciarpa e cappotto e appese tutto all'attaccapanni. Neanche un sospiro, né una scrollatina di spalle. Niente. Come un cane bastonato se ne tornò nel tinello. Spostò la sedia e si sedette al suo posto. Luisa lo seguì anche lei senza una parola e lo servì, come aveva fatto sempre.

Mangiarono in silenzio. Sembrava che tutto il risentimento che ancora pochi minuti prima aveva fatto vibrare le loro voci si fosse dileguato come una bolla di sapone.

Al suo posto era subentrato una sorta di abbattimento, un senso di sconfitta. In ambedue.

Ancora senza parlare, Luisa andò a prendere la frutta. Anselmo restò in attesa. Un rito che si ripeteva ogni sera. Luisa tornò, prese un'arancia, la sbucciò con molta cura e sistemò gli spicchi in un piattino da frutta, facendone una corona. Anselmo osservava ogni movimento della moglie, senza nessuna curiosità, senza alcun sentimento. Infine si vide posare il piatto davanti, come sempre, come ogni sera. Per la prima volta notò la rassegnazione, la stanchezza di ogni gesto. Prese uno spicchio dietro l'altro e con spossante lentezza, contro voglia, lo mangiò.

Chissà, forse quella sera avrebbe preferito una mela. Ma lui stesso non sapeva cosa avrebbe preferito, era solo scontento di tutto. E annoiato. Ricordò come da bambino la sua mamma ogni sera gli chiedeva se voleva la mela o la banana e lui rispondeva immancabilmente 'un'arancia' senza sapere perché, dato che in realtà non amava la frutta in generale. Ma non poteva deludere le attese della mamma.

Contrariamente alle sue abitudini, finito di mangiare restò ancora seduto, non si spostò sul divano per vedere la televisione, come faceva ogni sera. Lo moglie lo osservava di sottecchi mentre andava e veniva sparecchiando la tavola. Poi,

Szene erfasst hatte, blieb er stehen und ohne ein Wort zu sagen, stellte er die Schuhe an ihren Platz zurück, legte Schal und Mantel ab und hing alles auf den Kleiderhaken. Nicht einmal einen Seufzer auch kein Achselzucken. Nichts. Wie ein geprügelter Hund ging er ins Speisezimmer, zog den Stuhl heran und setzte sich an seinen Platz. Luisa, auch sie wortlos, folgte ihm und bediente ihn wie immer.

Sie aßen schweigend. Es war, als ob all der Groll, der noch wenige Minuten zuvor ihre Stimmen erbeben ließ, wie eine Seifenblase zerplatzt wäre.

An seine Stelle war eine Art Niedergeschlagenheit, ein Gefühl der Niederlage getreten. In ihnen beiden.

Immer noch ohne zu reden, ging sie das Obst holen. Anselmo wartete. Ein Ritual, das sich jeden Abend wiederholte. Luisa kam zurück, nahm eine Orange, schälte sie sehr sorgfältig und reihte die Spalten in einem Obstteller so auf, dass sie eine Krone bildeten. Anselmo beobachtete jeden Handgriff der Ehefrau, ohne Neugierde, ohne irgendein Gefühl. Schließlich wurde ihm der Teller vorgesetzt wie immer, wie jeden Abend. Zum ersten Mal bemerkte er die Resignation, die Müdigkeit jeder Geste. Er nahm eine Spalte nach der anderen und mit betonter Langsamkeit aß er sie widerwillig.

Wer weiß, vielleicht hätte er an diesem Abend einen Apfel vorgezogen. Aber er selbst wusste nicht, was er vorgezogen hätte, er war bloß mit allem unzufrieden. Und gelangweilt. Er erinnerte sich, dass ihn seine Mutter als Kind immer fragte, ob er den Apfel oder die Banane wollte und er antwortete unvermeidlich „eine Orange" ohne zu wissen warum, da er in Wirklichkeit Obst ganz allgemein nicht mochte. Aber er konnte die Erwartungen der Mutter nicht enttäuschen.

Gegen seine Gewohnheit blieb er nach dem Essen noch sitzen, wechselte nicht aufs Sofa, um fernzusehen, wie er es jeden Abend machte. Die Frau beobachtete ihn verstohlen, während sie beim Abräumen des Tisches hin- und herging.

non potendone più, si fermò in mezzo alla stanza, le braccia abbandonate lungo i fianchi.

«Mi puoi dire che ti sta succedendo?» Non c'era più aggressività nella sua voce. Era solo avvilita. Anselmo la guardò senza vederla, proprio come uno che sta riflettendo su qualcosa di estremamente importante.

«Penso che non ti ho mai amato. Ti prego di non prenderla come un'offesa personale. Tu in fondo non c'entri. È una cosa che riguarda solo me. Inoltre non ho la minima intenzione di offenderti. È un pensiero che mi occupa negli ultimi tempi e se non ne parlo con te, non so proprio con chi parlarne.»

Luisa non reagì, non si sentì neanche offesa.

Solo una mazzata.

Niente altro.

Si avvicinò al tavolo e si sedette di fronte a lui, come prima, come sempre, e lo guardò negli occhi.

«Che vuol dire... io non c'entro. Tu stai parlando di me. Viviamo insieme da più di trent'anni e adesso te ne vieni con questa novità. Ma forse per te non è neanche una novità. Dici che non mi hai mai amato. Mai? Puoi spiegarmi per quale motivo ci siamo sposati, o meglio, per quale motivo hai voluto sposarmi? Mi hai corteggiato con insistenza, mi hai... circuito, non so come potrei dire altrimenti. Non mi hai lasciato in pace un momento, lo ricordo bene. Non ho dimenticato il teatro che hai fatto allora, come hai cercato di sedurre perfino mia madre che non ti ha mai accettato e mio padre, poverino, che... ma lasciamo stare. Poi, appena sposati, il cambiamento. Posso dire, da un giorno all'altro. Dal fuoco al gelo, nel giro di poche ore: la prima volta che siamo andati a letto insieme, credi che lo abbia dimenticato? Mi hai appena toccato, per non parlare di carezze e... altro. Non ti sei preso neanche il tempo di baciarmi: subito addosso, mi

Dann, weil sie es nicht mehr aushielt, blieb sie mitten im Zimmer mit an der Seite herunterhängenden Armen stehen.

»Kannst du mir sagen, was mit dir los ist?« Es war keine Aggressivität mehr in ihrer Stimme. Sie war nur deprimiert. Anselmo sah sie an, ohne sie zu sehen, genau so wie einer, der über etwas extrem Wichtiges nachdenkt.

»Ich denke, dass ich dich nie geliebt habe. Ich bitte dich, es nicht als persönliche Beleidigung aufzunehmen. Du kannst im Grunde nichts damit zu tun. Es ist eine Sache, die nur mich betrifft. Außerdem habe ich nicht im entferntesten im Sinn dich zu beleidigen. Es ist ein Gedanke, der mich in letzter Zeit beschäftigt, und wenn ich nicht mit dir darüber rede, wüsste ich nicht mit wem sonst.«

Luisa reagierte nicht, sie fühlte sich nicht einmal beleidigt.

Ein Schlag auf den Kopf war es.

Nichts weiter.

Sie näherte sich dem Tisch und setzte sich ihm gegenüber wie vorhin, wie immer, und sah ihm in die Augen.

»Was soll das heißen ... es hat nichts mit mir zu tun? Du sprichst von mir. Wir leben seit dreißig Jahren miteinander und jetzt kommst du mit dieser Neuigkeit an. Aber vielleicht ist es nicht einmal eine Neuigkeit. Du sagst, du hast mich nie geliebt. Nie? Kannst du mir erklären, aus welchem Grund wir geheiratet haben, beziehungsweise aus welchem Grund du mich heiraten wolltest? Du hast mir mit Ausdauer den Hof gemacht, du hast mich ... umgarnt, ich wüsste nicht, wie ich es anders benennen sollte. Du hast mich nicht einen Augenblick in Ruhe gelassen, ich erinnere mich gut daran. Ich habe das Theater nicht vergessen, das du damals gemacht hast, als du sogar meine Mutter zu bezirzen versucht hast, die dich nie akzeptiert hat, und mein Vater, der Ärmste, der ... aber lassen wir das. Dann, gerade verheiratet, die Veränderung. Ich möchte sagen, von einem Tag zum anderen. Vom Feuer zum Eis innerhalb weniger Stunden: als wir das erste Mal miteinander geschlafen haben, glaubst du, ich ha-

hai schiacciato, hai preso possesso di me con una violenza che mi ha lasciato di sasso. Hai cercato solo il mio corpo ridotto a... un buco, nient'altro che un buco. Mi hai fatto un gran male, lo ricordi? Te ne sei accorto almeno? Dopo due minuti avevi già finito. E poi, sempre la stessa violenza. Il mio malessere. Mi hai fatto sentire solo un buco e niente altro. Tante volte mi sono chiesta se non ci sia altro per te, se per te quell'atto si riduca solamente a una prova di forza, a una prova di supremazia, di dominio. A me non hai mai pensato. Sono proprio convinta ormai di una cosa e cioè che tu non mi hai mai amato, sbaglio? Mai. Tu non sai neanche cosa sia l'amore. Tu in realtà ami solo te stesso.» Tacque un momento, amareggiata, niente affatto aggressiva. Solo rassegnata. «Se vuoi conoscere la mia opinione su di te, devo dirti che sei un indifferente, un... un... incapace di amare, un uomo superficiale e noioso. Sì, sei proprio superficiale e noioso.»

Il marito la fissava, perduto dietro un pensiero. Sembrava non sentirla. In realtà, ormai da anni aveva preso l'abitudine di non sentirla, di ignorarla.

«Sei ancora una bella donna, nonostante l'età. Ma da giovane! Mai avevo immaginato che ci potesse essere una donna così bella. Ogni parte di te era qualcosa di speciale. Ricordo che la prima cosa che vidi di te furono i piedi, era estate e tu portavi dei sandali alla greca o alla romana, non so come si chiamano. Solo qualche filo di pelle e tutto il piede nudo. C'era da perdere la testa. Mai visti dei piedi così. Ogni singolo dito di forma squisita, perfetta. Non potevo guardarli senza che mi si annebbiasse la vista. La prima volta che vidi i tuoi piedi fu in casa di Alberto, mi aveva invitato non so più per quale motivo. C'erano una decina di persone, tutte facce

be es vergessen? Du hast mich kaum berührt, von Zärtlichkeit und anderem gar nicht zu reden. Du hast dir nicht einmal die Zeit genommen mich zu küssen: sofort drauf, du hast mich erdrückt, hast von mir mit einer Gewalt Besitz ergriffen, die mich versteinert zurück ließ. Du wolltest nur meinen auf ein ... Loch reduzierten Körper. Nichts sonst, nur ein Loch. Du hast mir sehr weh getan, erinnerst du dich? Hast du es wenigstens bemerkt? Nach zwei Minuten warst du schon fertig. Und dann, immer die gleiche Gewalt. Mein Unwohlsein. Du hast mich zu einem Loch gemacht, zu nichts anderem. Oft habe ich mich gefragt, ob es für dich nichts anderes gibt, ob sich für dich dieser Akt nur auf einen Kraftakt, auf einen Beweis der Macht, der Herrschaft reduziert. An mich hast du nie gedacht. Ich bin mittlerweile von einer Sache überzeugt, das heißt, dass du mich nie geliebt hast, hörst du? Nie. Du weißt nicht einmal, was Liebe ist. In Wirklichkeit liebst du nur dich selbst.« Sie schwieg einen Augenblick, verbittert, überhaupt nicht aggressiv. Nur resigniert. »Wenn du meine Meinung über dich wissen willst, muss ich dir sagen, dass du gleichgültig bist, ein ... ein ... unfähig zu lieben, ein oberflächlicher, langweiliger Mensch. Ja, du bist wirklich oberflächlich und langweilig.«

Ihr Mann starrte sie gedankenverloren an. Er schien sie nicht zu hören. In Wirklichkeit hatte er sich schon seit Jahren angewöhnt sie nicht zu hören, sie zu ignorieren.

»Du bist noch eine schöne Frau, trotz des Alters. Aber als du jung warst! Nie hätte ich gedacht, dass es ein so schönes Geschöpf geben könnte. Jeder Teil von dir war etwas Besonderes. Ich erinnere mich, dass das Erste, das ich von dir sah, die Füße waren; es war Sommer und du trugst Sandalen griechischer oder römischer Art, ich weiß nicht, wie die heißen. Nur einige Lederstreifen und der ganze Fuß nackt. Man konnte den Verstand verlieren. Nie habe ich solche Füße gesehen. Jeder einzelne Zeh eine erlesene Form, perfekt. Ich konnte sie nicht ansehen, ohne dass es mir den Blick vernebelte. Das erste Mal als ich deine Füße sah, das war bei Al-

conosciute e… i tuoi piedi! Un simbolo di bellezza unica, da nascondere al mondo intero, più di un banale organo sessuale. Io credo che non ci sia niente di più seducente di due piedi femminili! Non osavo alzare gli occhi da quel miracolo di perfezione nel timore di scoprire delle gambe storte, disarmoniche, pelose. E invece: due gambe come una statua. E poi il resto! Un corpo che superava ogni possibile immaginazione e il viso, ogni linea, ogni piccola rotondità delle guance, del mento. Gli occhi di un azzurro mai visto prima: mi ci potevo specchiare dentro tanto erano limpidi, trasparenti. Due pezzetti di cielo, ecco cos'erano. Ma i piedi… qualcosa di particolare, me li sognavo anche la notte: figurati che ogni volta che ci incontravamo temevo che tu non portassi quei sandali. Ricordo ancora la delusione in autunno. Mi bastava però il ricordo, lo confesso, e già ero eccitato. Mi veniva perfino una specie di tremito.» Tacque un momento come in trance. Era chiaro che non parlava con lei. Fissava un punto nel vuoto e pensava, ad alta voce, quasi volesse ricapitolare una storia passata che riguardava solo lui e nessun altro. Meno che mai la moglie.

«La prima volta che ti ho vista nuda non ho potuto neanche toccarti tanto era sopraffatto. Si può toccare un corpo simile? Il corpo di una dea, una bellezza così perfetta da far paura: mi sembrava di profanare l'essenza stessa della bellezza. Dovevo chiudere gli occhi ogni volta che mi accostavo a te, non pensarti. Toccarti era un privilegio esclusivo. Averti: una profanazione. Ma è amore, questo? Si può amare, in modo carnale dico, un'immagine? Una statua greca, un quadro, un nudo? È assurdo dirlo, ma la tua bellezza mi ha impedito di amarti come si ama un essere umano.»

berto zu Hause, er hatte mich, ich weiß nicht mehr aus welchem Grund, eingeladen. Da waren ungefähr zehn Leute, alles bekannte Gesichter und .... deine Füße! Ein einzigartiges Schönheitssymbol, vor der ganzen Welt zu verbergen, mehr als ein banales Sexualorgan. Ich glaube, dass es nichts Verführerisches als zwei Frauenfüße gibt! Ich wagte nicht meine Augen von dieser Perfektion weiter nach oben zu führen, aus Angst krumme, unharmonische, behaarte Beine zu entdecken. Stattdessen: zwei Beine wie von einer Statue. Und dann der Rest! Ein Körper der jede mögliche Vorstellung übertraf, und das Gesicht, jeder Gesichtszug, jede kleine Rundung der Wangen, des Kinns. Die Augen von einem nie vorher gesehenen Blau: ich konnte mich darin spiegeln, so klar, so durchsichtig waren sie. Zwei Stückchen Himmel, das waren sie. Aber die Füße ... etwas Besonderes, ich träumte nachts von ihnen: stell dir vor, ich hatte jedes Mal, da ich dir begegnete, Angst, du könntest nicht diese Sandalen tragen. Ich erinnere mich noch an die Enttäuschung im Herbst. Es genügte mir aber die Erinnerung, ich gestehe es, und ich war erregt. Es befiel mich sogar eine Art Zittern.« Er schwieg einen Augenblick wie in Trance. Es war klar, dass er nicht zu ihr sprach. Er stierte einen Punkt in der Leere an und dachte, beinahe als wolle er die verflossene Geschichte nachvollziehen, die nur ihn und niemanden anderen betraf. Am wenigsten seine Frau.

»Als ich dich das erste Mal nackt sah, konnte ich dich nicht einmal berühren, so überwältigt war ich. Kann man einen solchen Körper berühren? Den Körper einer Göttin, eine derart perfekte Schönheit, die Angst machte: es schien mir, das Schöne an sich zu entweihen. Jedes Mal, da ich mich dir näherte, musste ich die Augen schließen, nicht an dich denken. Dich berühren war ein exklusives Privileg. Dich besitzen: eine Entweihung. Aber ist das Liebe? Kann man, frage ich, ein Abbild körperlich lieben? Eine griechische Statue, ein Bild, einen Akt? Es ist absurd es zu sagen, aber deine Schönheit hat mich daran gehindert, dich zu lieben, wie man

Luisa lo ascoltava sempre più sorpresa. In realtà non lo capiva. Mai aveva parlato così, mai che le avesse fatto un complimento, neanche da giovane, mai un accenno alla sua bellezza, ai pezzetti di cielo, alle curve perfette, ai piedi particolari.

«Ti rendi conto di dire delle assurdità? Di chi stai parlando? È vero, avevo dei sandali alla greca quando mi hai conosciuto da quel tuo amico Alberto – che fra l'altro mi stava dietro da non so più quanto tempo – ma ho sempre avuto dei piedi normali, come tutte le persone di questo mondo e la bellezza che tu vedevi in me era solo nella tua fantasia. Non so perché ti incaponisca a non voler ammettere di essere stato innamorato di me, di me soltanto, di me essere umano. Mentre tutta la storia della bellezza, della profanazione...» La interruppe: una parola lo aveva fatto sussultare.

«No, no. Non sono mai stato innamorato di te. Non credo si trattasse di innamoramento. Era un'altra cosa: era ammirazione, era il desiderio che si impossessa di un collezionista quando scopre un pezzo raro, un unicum. Un collezionista non si innamora nel senso che noi diamo a questa parola: vuole solo possedere l'oggetto delle sue brame, se lo pasce con gli occhi, lo circuisce, lo mette sotto vetro. Sì, forse lo ama anche, non se ne vuole separare, è pronto a fare qualsiasi sacrificio pur di possederlo. Ma è un amore diverso.» Si fermò ancora soprappensiero. Poi con voce improvvisamente dura proseguì. «Io non sono mai stato innamorato di te, lo so. È da molto che ci penso. E poi, essere innamorati non vuol dire amare. Questo ormai dovresti saperlo. L'innamoramento è solo un istinto animale che costringe due sconosciuti ad accoppiarsi: si tratta solo di ormoni. Sono loro che comandano. Noi siamo costretti a obbedire, ciecamente. Schiavi degli ormoni. Dobbiamo seguire le misteriose leggi

ein menschliches Wesen liebt.«

Luisa hörte ihm immer überraschter zu. In Wirklichkeit verstand sie ihn nicht. Nie hatte er so geredet, nie, dass er ihr ein Kompliment gemacht hätte, nicht einmal in ihrer Jugend, nie eine Anspielung auf ihre Schönheit, auf die Stückchen Himmel, auf die perfekten Kurven, die besonderen Füße.

»Ist dir bewusst, dass du Absurditäten daherredest? Von wem sprichst du denn? Es stimmt, ich hatte griechische Sandalen an, als du mich bei diesem Freund von dir, Alberto, kennen gelernt hast, der mir übrigens, ich weiß nicht mehr wie lange, nachstieg, aber ich habe immer normale Füße, wie alle Menschen auf dieser Welt gehabt, und die Schönheit, die du an mir gesehen hast, war bloß eine Fantasie von dir. Ich weiß nicht, warum du dich darauf versteifst nicht zuzugeben, dass du in mich verliebt gewesen bist, nur in mich, in mich menschliches Wesen. Während deine Geschichten von der Schönheit, den Entweihungen ...« Er unterbrach sie; ein Wort hatte ihn zusammenfahren lassen.

»Nein, nein. Ich bin nie in dich verliebt gewesen. Ich glaube nicht, dass es sich um Verliebtsein handelte. Es war etwas anderes, es war Bewunderung, es war der Wunsch, der von einem Sammler Besitz ergreift, wenn er ein seltenes Stück entdeckt, ein Unikum. Ein Sammler verliebt sich nicht in dem Sinn, den wir diesem Wort geben; er will das Objekt seiner Begierde nur besitzen, er weidet seine Augen daran, er umgarnt es, setzt es hinter Glas. Ja, vielleicht liebt er es auch, will sich nicht von ihm trennen, ist bereit jegliches Opfer zu bringen, nur um es zu besitzen. Aber es ist eine andere Liebe.« Er hielt in Gedanken versunken inne. Dann fuhr er mit plötzlich wieder hartem Ton fort: »Ich bin nie in dich verliebt gewesen, ich weiß das. Ich denke schon lange darüber nach. Und außerdem heißt verliebt sein nicht lieben. Das müsstest du inzwischen wissen. Verliebt sein ist nur ein animalischer Trieb, der zwei Unbekannte dazu bringt sich zu paaren; es handelt sich nur um Hormone. Sie sind es, die

della natura per evitare l'estinzione della specie, come fanno gli animali. In gioventù, fino a una certa età, gli ormoni sessuali tengono i fili delle nostre relazioni, sono loro a decidere e non noi. Questo ormai lo sanno tutti.» Si interruppe un momento, quasi accorgendosi di lei che lo osservata sempre più stupita.

«Va bene, non torniamo sul tema dei figli. Ne abbiamo parlato abbastanza. Non ne abbiamo, non per colpa nostra, se di colpa si può parlare, e amen. Ormai ci siamo messo il cuore in pace. Devo ammettere che nei primi tempi del nostro matrimonio ero convinto che un corpo come il tuo non fosse fatto per la procreazione. Una gravidanza... no, non potevo pensarti sformata, col pancione. Un orrore. Ma è acqua passata. Chiudiamo l'argomento.» Ripensò al gelo che lo aveva bloccato la prima volta che aveva sfiorato quel corpo. Se ne era ritratto con disgusto: nessun desiderio, niente, neanche il pensiero dei suoi piedi perfetti era riuscito a scaldargli il sangue. Era lo stesso che giacere accanto alla statua della Venere di Milo! Un corpo di ghiaccio, senza vita: questa era la sua Luisa, senza un pizzico di eros, incapace di una sola reazione. Un corpo morto, un bellissimo corpo morto e niente altro.

I suoi occhi si intristirono. Luisa diceva che aveva due occhi da cane San Bernardo, due occhi cui le era sempre stato difficile resistere. Guardandolo pensò: „tu mi hai sposato per la mia bellezza e io per la tua tristezza! Una bella coppia davvero." Ma lui intanto aveva ripreso a parlare, ed era più un soliloquio che un dialogo.

«Chissà, se avessimo avuto un figlio la nostra vita sarebbe stata diversa. Sarebbe stato però un cambiamento solo

bestimmen. Wir sind gezwungen zu gehorchen, blindlings. Sklaven der Hormone. Wir müssen den mysteriösen Gesetzen der Natur folgen, um das Aussterben der Art zu verhindern, so wie es die Tiere tun. In der Jugend, bis zu einem gewissen Alter, spinnen die Sexualhormone die Fäden unserer Beziehungen, sie sind es, die bestimmen, nicht wir. Das wissen inzwischen alle.« Er unterbrach sich einen Moment, ihrer sozusagen gewahr werdend, die ihn immer verwunderter ansah.

»In Ordnung, lassen wir das Thema Kinder sein. Darüber haben wir genug geredet. Wir haben keine, nicht aus eigenem Verschulden, wenn man von Schuld sprechen kann und Amen. Mittlerweile haben wir Frieden damit geschlossen. Ich muss zugeben, dass ich in der ersten Zeit unserer Ehe überzeugt war, dass ein Körper wie deiner nicht für die Fortpflanzung gemacht sei. Eine Schwangerschaft ... nein, ich konnte mir dich so verformt nicht vorstellen, mit dem Bauch. Eine Schreckensvorstellung. Aber das ist altes Zeug. Schließen wir dieses Thema ab.« Er dachte an die Eiseskälte, die ihn blockiert hatte, als er das erste Mal diesen Körper berührt hatte. Er hatte sich voller Ekel abgewandt: kein Verlangen, nichts, nicht einmal der Gedanke an ihre perfekten Füße hatte sein Blut in Wallung gebracht. Es war dasselbe wie neben der Statue der Venus von Milo zu liegen! Ein Körper aus Eis, ohne Leben: das war seine Luisa, ohne einen Hauch von Erotik, unfähig zu einer Reaktion. Ein toter Körper, ein wunderschöner toter Körper und nichts weiter.

Sein Blick wurde traurig. Luisa sagte, er habe die Augen eines Bernhardiners, zwei Augen, denen sie immer schwer widerstehen hatte können. Während sie ihn ansah, dachte sie: Du hast mich wegen meiner Schönheit geheiratet und ich dich wegen deiner Traurigkeit! Wirklich ein schönes Paar. Aber er hatte inzwischen wieder zu reden begonnen und es war mehr Selbstgespräch als Dialog.

»Hätten wir ein Kind gehabt, wer weiß, unser Leben wäre vielleicht anders gewesen. Es wäre aber nur eine äu-

esteriore. Forse la maternità avrebbe trasformato il tuo corpo, e io avrei imparato ad amarti come la madre di mio figlio. Succede spesso. Non si ama la donna ma la madre del proprio figlio. Ne ho sentito parlare. Oggi però ci ritroveremmo nella stessa situazione: soli con noi stessi. Forse i miei sentimenti verso di te sarebbero diversi da come sono. Chissà, chi può dirlo.»

Un nuovo silenzio. Rifletteva concentrato. Infine la guardò, sempre con quegli occhi da cane bastonato – lampi, bagliori come lame di coltello guizzavano e si spegnevano in quelle pupille in pieno contrasto con la voce pacata, monotona con la quale faceva le sue considerazioni – e concluse:

«Nella mia infatuazione per te, per la tua bellezza, gli ormoni non avevano la minima parte. Era un'altra cosa, non una banale attrazione sessuale.» Abbassò la testa e si guardò le mani, decisamente abbattuto.

«Gli ormoni... furono gli ormoni che ti fecero perdere la testa per la signora Enza Cattini? Si trattava di ormoni o era qualcosa d'altro? Quella signora, che di certo non hai dimenticato, l'hai amata, lo vorrai ammettere, con o senza ormoni, benché fosse tutt'altro che bella, dozzinale e sciatta. Chissà quante altre donne dozzinali e sciatte sono passate nella tua vita senza l'aiuto degli ormoni... tu credi che io non mi sia mai accorta di niente.» Mentre diceva queste parole, e la vecchia gelosia traspariva ancora nella voce diventata di colpo stridula, si era alzata per avviarsi verso la cucina: tutto il discorso del marito sulla bellezza e sul pezzo raro del collezionista l'aveva irritata. Era vissuta accanto a un uomo più assente che presente e lei non si era mai sentita un pezzo raro da collezionista, anzi tutto il contrario: perché non aveva avuto il coraggio di lasciarlo, di rifarsi una vita con un nuovo compagno? Una domanda cui non era mai stata capa-

ßerliche Veränderung gewesen. Vielleicht hätte die Mutterschaft deinen Körper verändert, und ich hätte gelernt, dich als Mutter meines Sohnes zu lieben. Das geschieht oft. Man liebt nicht die Frau, sondern die Mutter des eigenen Kindes. Ich habe davon reden hören. Heute jedoch würden wir uns in derselben Situation wiederfinden: alleine mit uns selbst. Vielleicht wären meine Gefühle dir gegenüber anders als sie jetzt sind. Wer weiß, wer kann das sagen.«

Erneutes Schweigen. Er dachte konzentriert nach. Schließlich sah er sie an, immer mit diesem Blick eines geschlagenen Hundes – Blitze, Widerschein wie von einer Messerklinge leuchteten auf und erloschen ihn diesen Pupillen in vollem Kontrast zur gelassenen, monotonen Stimme, mit der er seine Überlegungen äußerte, und kam zu dem Schluss:

»In meiner Schwärmerei für dich, für deine Schönheit, spielten die Hormone nicht die geringste Rolle. Es war etwas anderes, keine banale sexuelle Anziehung.« Er senkte den Kopf und betrachtete offensichtlich niedergeschlagen die Hände.

»Die Hormone ... waren es die Hormone, die dich den Kopf für Frau Enza Cattini verlieren ließen? Handelte es sich um Hormone oder war es etwas anderes? Diese Frau, die du gewiss nicht vergessen hast, hast du geliebt, das wirst du wohl zugeben, mit oder ohne Hormone, obwohl sie alles andere als schön war, eher gewöhnlich und schlampig. Wer weiß, wie viele andere gewöhnliche und schlampige Frauen auch ohne die Hilfe von Hormonen in dein Leben Eingang fanden ... du glaubst, ich hätte nie etwas gemerkt.« Während sie diese Worte aussprach und die alte Eifersucht wieder in ihrer plötzlich schrill klingenden Stimme mitschwang, war sie aufgestanden, um in die Küche zu gehen. Das ganze Gerede des Ehemannes über die Schönheit und über das seltene Sammlerstück hatten sie geärgert. Sie hatte neben einem mehr ab- als anwesenden Mann gelebt, und sie hatte sich nie als seltenes Sammlerstück gefühlt, ganz im Gegenteil:

ce di rispondere: viltà, rassegnazione, paura del nuovo, o che altro? E cosa avrebbe potuto dire alla madre, alle amiche? come giustificare una separazione, un divorzio, dopo i contrasti avvenuti appunto in seguito alla sua decisione di sposare proprio quell'uomo? Poteva dire che mai, mai c'era stato un solo momento di amore fra loro due? Chi le avrebbe creduto? A chi raccontare che non sapeva neanche cosa fosse il piacere sessuale, che lo conosceva soltanto per averne letto qualcosa in un libro? Come avrebbero reagito le altre donne? E sua madre? Una vergogna, ecco. Una donna che si lamenta di non aver mai provato certe cose dovrebbe vergognarsi: chiaramente si trattava di frigidità, colpa sua, ecco. Ma lei aveva letto in quel libro che la frigidità femminile è assai rara, che nasce per incapacità o problemi che gli uomini hanno con la sessualità. Quel libro aveva cambiato la sua vita: da quel momento aveva cominciato a disprezzare il marito e poi a odiarlo.

Con tutto ciò, non era riuscita a separarsi. Per quale motivo avrebbe dovuto separarsi? Confessare al mondo intero certi particolari intimi, la violenza di lui, la sua sofferenza?

No. Mai!

Negli ultimi tempi il marito aveva preso la strana abitudine di interrompere il silenzio delle loro giornate con lunghi soliloqui confusi, sconclusionati. Considerazioni che lei definiva filosofiche, cioè inutili, senza capo né coda. Ma sempre offensive nei suoi riguardi. E inquietanti. Anche lei avrebbe potuto mettersi in cattedra e ne aveva di cose da dire! Anselmo scosse la testa sconsolato:

warum hatte sie nie den Mut gehabt ihn zu verlassen, ein Leben mit einem neuen Gefährten zu beginnen? Eine Frage, auf die zu antworten sie nie in der Lage gewesen war: Feigheit, Resignation, Angst vor Neuem oder Anderem? Und was hätte sie ihrer Mutter, den Freundinnen sagen sollen? Wie hätte sie eine Trennung, eine Scheidung rechtfertigen sollen, nach all den Auseinandersetzungen und ihrer Entscheidung, gerade diesen Mann heiraten zu wollen? Hätte sie sagen können, dass es nie, niemals auch nur einen Augenblick der Liebe zwischen ihnen beiden gegeben hatte? Wer hätte ihr geglaubt? Wem hätte sie erzählen sollen, dass sie nicht einmal wusste, was sexueller Genuss bedeutete, dass sie diesen nur kannte, weil sie etwas in einem Buch gelesen hatte? Wie hätten die anderen Frauen reagiert? Und ihre Mutter? Eine Schande, jawohl. Eine Frau, die sich beklagt, nie gewisse Dinge empfunden zu haben, hätte sich schämen sollen: klarerweise handelte es sich um Frigidität, selber Schuld, jawohl. Aber sie hatte in diesem Buch gelesen, dass die Frigidität bei Frauen sehr selten ist, dass sie aus den Problemen erwächst, die die Männer mit ihrer Sexualität haben. Dieses Buch hatte ihr Leben verändert: von jenem Augenblick an hatte sie begonnen ihren Mann erst zu verachten und dann zu hassen.

Trotz alledem war es ihr nicht gelungen sich von ihm zu trennen. Aus welchem Grund hätte sie sich trennen sollen? Der ganzen Welt gewisse intime Einzelheiten preisgeben, seine Grobheiten, ihr Leiden?

Nein. Niemals!

In letzter Zeit hatte sich ihr Mann die seltsame Gewohnheit zugelegt, das Schweigen ihrer Tage mit langen, konfusen, wirren Selbstgesprächen zu unterbrechen. Überlegungen, die sie als philosophisch, das heißt als unnütz bezeichnete, ohne Hand und Fuß. Aber immer beleidigend ihr gegenüber. Und beunruhigend. Auch sie hätte sich auf ein Podest stellen können und sie hätte einiges zu sagen gehabt. Anselmo

«Sempre la stessa storia! Sono passati almeno quindici anni e tu torni sempre con quella storia senza importanza, come un disco rotto.»

«Confessalo una volta: quella donna è stata il grande amore della tua vita e chissà che cosa avresti fatto se non fosse stata sposata, con due figli e in più legatissima a quello straccio di marito che sapeva, che sopportava tutto. Io con la mia bellezza, i miei piedi così eccitanti e tutto il resto sarei stata messa da parte, come in realtà hai fatto per quattordici mesi e tre giorni, quando te ne sei andato di casa senza dire neanche una parola. Proprio come questa sera. Credi che lo abbia dimenticato? Ti sei fatto la valigia, con calma, e senza dare una spiegazione qualsiasi hai preso la porta e via. Storie da film. Non ho mai potuto sapere il tuo indirizzo. Ti ho cercato perché pensavo fossi impazzito. Sono corsa al Municipio, ma avevi dato ordine agli uscieri di non farmi passare. Che avrai detto? Non lasciate entrare mia moglie nel mio ufficio perché è pazza! È questo che hai detto? Dillo una volta. Mi hanno fermato sulle scale e si sono messi in due per trattenermi: una vergogna che non posso dimenticare. Dopo una settimana mi hai scritto quella famosa lettera che conservo ancora. Lì non parlavi di bellezza né di piedi. Mi annunciavi soltanto di aver incontrato la donna della tua vita. Punto e basta.

Vorrei vederti adesso con la signora Enza Cattini. La grande passione sfumata, come tutte le altre grandi passioni sfumate della tua vita, e tu seduto lì, come adesso, a dichiararle che non l'hai mai amata! In più ti ritroveresti davanti una vecchia brutta e sciamannata. Aveva almeno una decina di anni più di te e bella non lo è mai stata, questo almeno lo vorrai ammettere.» Si sentiva soffocare. «Chissà cosa hai vi-

schüttelte untröstlich den Kopf:

»Immer dieselbe Geschichte! Es sind mindestens fünfzehn Jahre vergangen und du kommst immer noch mit dieser unwichtigen Geschichte, wie eine kaputte Schallplatte.«

»Gib es endlich zu: diese Frau ist die große Liebe deines Lebens gewesen, und wer weiß, was du getan hättest, wäre sie nicht verheiratet gewesen und hätte sie nicht zwei Kinder gehabt, und hätte sie zudem nicht so sehr an diesem Waschlappen von einem Mann gehangen, der alles wusste und ertrug. Ich mit meiner Schönheit, meinen so aufregenden Füßen und dem ganzen Rest, wäre zur Seite geschoben worden, so wie du es in Wirklichkeit über vierzehn Monate und drei Tage gemacht hast, als du von Zuhause, ohne ein einziges Wort zu sagen, weggegangen bist. Genau so wie heute Abend. Glaubst du, ich hätte es vergessen? Du hast in Ruhe deinen Koffer gepackt und ohne irgendeine Erklärung bist du fortgegangen. Eine filmreife Geschichte. Ich durfte nie deine Anschrift erfahren. Ich habe dich gesucht, weil ich dachte, du seist verrückt geworden. Ich bin zum Rathaus gelaufen, aber du hast den Gemeindedienern Anweisung gegeben, mich nicht vorzulassen. Was hattest du denen gesagt? Lasst meine Frau nicht in mein Büro vor, denn sie ist verrückt! Ist es das, was du gesagt hast? Sag es endlich. Sie haben mich auf der Treppe aufgehalten und sie haben mich zu zweit festgehalten: eine Schande, die ich nicht vergessen kann. Nach einer Woche hast du mir jenen berühmten Brief geschrieben, den ich noch aufbewahre. Darin sprachst du nicht von Schönheit, nichts von Füßen. Du teiltest mir nur mit, die Frau deines Lebens getroffen zu haben. Punkt.

Ich möchte dich jetzt mit Frau Enza Cattini sehen. Die große, verpuffte Leidenschaft, wie alle anderen verflogenen Leidenschaften deines Lebens, und du, der du dort sitzt, so wie jetzt und ihr erklärst, dass du sie nie geliebt hast! Zudem würdest du dich vor einer hässlichen, schlampigen Alten wiederfinden. Sie war mindestens zehn Jahre älter als du und schön ist sie nie gewesen, das zumindest wirst du

sto in quella donna: ah sì, con lei potevi parlare, hai detto, e ascoltare musica classica, andare a teatro e non so che altro. Gli ormoni. Adesso te ne vieni con la storia degli ormoni mentre io sarei un pezzo da collezionista e tu il collezionista che possiede un solo pezzo! Bel collezionista.» E si alzò, irritata. «Puoi dirmi per quale motivo sei tornato da me? Perché coabitiamo da tanti anni in questa casa? Io lo so il vero motivo: hai fatto i conti e hai capito che una donna di servizio, una filippina, ti sarebbe costata di più, senza contare gli alimenti che avresti dovuto passarmi. Altro che collezionista.»

Anselmo si pentì di aver iniziato quel discorso. In fondo lo sapeva che la moglie avrebbe toccato il vecchio tasto della sua infedeltà, una storia che veniva riscaldata a ogni occasione, a proposito e a sproposito. Si alzò e senza una parola si sedette sul divano, come per dire che la seduta era chiusa. Meccanicamente accese il televisore, passando da un programma all'altro, senza trovare niente di interessante, qualcosa che riuscisse a distrarlo. Era furioso e nello stesso tempo avvilito. Neanche la televisione riusciva a distrarlo.

„Con Luisa non si può parlare, non ho mai potuto parlare. Con Enza sì, potevo parlare ore e ore. Sapeva ascoltare e mi capiva. Mi capiva sempre. A letto poi era una regina! Mai più avuto una donna come quella. Chissà cosa fa adesso. È da molto che non la vedo. Dovrei cercarla. Certo sarà invecchiata. Luisa ha più o meno ragione: non è mai stata bella. Ma a che serve la bellezza? Neanche a letto serve. Mi chiedo seriamente a che serva la bellezza. So con certezza di non averla amata mai, neanche prima di Enza, ma l'ho voluta, come si vuole possedere un quadro d'autore. Ah sì, sono stato invi-

zugeben.« Sie hatte das Gefühl zu ersticken. »Wer weiß, was du in jener Frau gesehen hast: ach ja, mit ihr konntest du reden, hast du gesagt und klassische Musik hören, ins Theater gehen und ich weiß nicht was noch. Die Hormone. Jetzt kommst du mit der Geschichte von den Hormonen an, während ich ein Sammlerstück sein soll und du der Sammler, der ein einziges Stück besitzt! Ein schöner Sammler.« Sie stand gereizt auf. »Kannst du mir sagen, aus welchem Grund du zu mir zurückgekommen bist? Warum leben wir seit vielen Jahren gemeinsam in diesem Haus? Ich kenne den wahren Grund: du hast die Rechnung gemacht und hast kapiert, dass eine Zugehfrau, eine Philippinin mehr kosten würde, ohne den Unterhalt zu berücksichtigen, den du mir hättest bezahlen müssen. Von wegen Sammler.«

Anselmo bereute es, dieses Gespräch angefangen zu haben. Im Grunde wusste er, dass seine Frau die alte Taste seiner Untreue anschlagen würde, eine Geschichte, die bei jeder Gelegenheit, passend oder unpassend, aufgetischt wurde. Er erhob sich und ohne ein Wort setzte er sich auf das Sofa, wie um zu sagen, dass die Sitzung geschlossen sei. Mechanisch schaltete er den Fernseher ein, von einem zum anderen Sender wechselnd, ohne etwas Interessantes zu finden, etwas das ihn abzulenken vermocht hätte. Er war wütend und gleichzeitig deprimiert. Nicht einmal der Fernseher konnte ihn ablenken.

Mit Luisa kann man nicht reden, ich konnte nie mit ihr reden. Mit Enza schon, mit ihr konnte ich stundenlang reden. Sie konnte zuhören und verstand mich. Sie verstand mich immer, und im Bett war sie eine Königin! Nie mehr hatte ich eine Frau wie sie. Wer weiß, was sie jetzt macht. Ich sehe sie schon seit langem nicht mehr. Ich sollte sie suchen. Gewiss, sie wird gealtert sein. Luisa hat mehr oder weniger recht: sie ist nie schön gewesen. Aber was nützt die Schönheit. Nicht einmal im Bett nützt sie. Ich frage mich allen Ernstes, wozu ist die Schönheit gut. Ich weiß mit Gewissheit, dass

diato dai miei amici, questo è vero, e che soddisfazione andare in giro con lei e vedere gli occhi degli altri uomini! Ancora adesso scopro qualche imbecille che la guarda quasi la volesse spogliare. È bella, forse più di prima e sono certo che troverebbe subito un altro caprone pronto a sposarla. Dovrei separarmi, questa sarebbe la soluzione."

Luisa si fece sulla porta:

«Lo vuoi un gelato?» disse con la voce di sempre. Anselmo la guardò un momento. Aveva conservato la figura di quando era giovane, solo un po' arrotondata. Le stava bene però, le dava anzi un che di matronale che aggiungeva qualcosa al suo charme. E a essere sinceri, dimostrava almeno dieci anni di meno di quanti ne avesse in realtà. Con tutto ciò non era più fiero di averla, di possederla: era solo annoiato. Quella voce lamentosa, quell'aria da vittima stampata sulla faccia, e quel modo di camminare, stanco, rassegnato: no proprio, non la sopportava più. Una donna che gli metteva addosso la depressione e una voglia irresistibile di scappare.

«Sì, vaniglia e cioccolato» e, dopo una piccola pausa, per favore.»

ich sie nie geliebt habe, auch vor Enza nicht, aber ich habe sie haben wollen, wie man ein Gemälde haben will. Ach ja, ich bekam die Aufmerksamkeit meiner Freunde, das ist wahr und was für eine Genugtuung, mit ihr herumzuspazieren und die Blicke der anderen Männer zu bemerken! Jetzt noch entdecke ich manchen Idioten, der sie ansieht, als wolle er sie ausziehen. Sie ist schön, vielleicht schöner als früher und ich bin sicher, dass sie sofort einen anderen Bock finden würde, bereit sie zu heiraten. Ich sollte mich trennen, das wäre die Lösung.

Luisa stand in der Tür:

»Willst du ein Eis?«, fragte sie mit dem üblichen Tonfall. Anselmo sah sie einen Moment lang an. Sie hatte sich die Figur bewahrt, die sie in ihrer Jugend gehabt hatte, nur ein bisschen rundlicher. Das stand ihr aber gut, es verlieh ihr etwas Matronenhaftes, das etwas zu ihrem Charme hinzufügte. Um ehrlich zu sein, sah sie zehn Jahre jünger aus als sie in Wirklichkeit war. Bei alledem war er aber nicht mehr stolz sie zu haben, sie zu besitzen: er war nur gelangweilt. Diese weinerliche Stimme, dieses ins Gesicht gestempelte Opferhafte, und diese müde, schicksalsergebene Art zu gehen: nein, wirklich, er ertrug sie nicht mehr. Eine Frau, die in ihm eine Depression auslöste und eine unzähmbare Lust wegzulaufen.

»Ja, Vanille und Schokolade«, und nach einer kurzen Pause, »bitteschön.«

Il fiorellino

Di solito lui arrivava nelle prime ore del pomeriggio, senza preavviso, solo un momento, per salutare, trovandosi da quelle parti per via di una pratica da sbrigare nel vicino Ministero. Nonostante la provvisorietà e la visibile inquietudine finiva poi col restare qualche ora, a volte fino al crepuscolo: dopo i soliti convenevoli, distratti, con la testa altrove, lo sguardo vagante nel vasto salotto arredato con estrema severità – mobili scuri, pesanti, di stile rinascimentale, tende di damasco rosso alle finestre – rifiutando con decisione di sedersi sulle poltrone di pelle, tanto si sarebbe fermato solo un minuto... di colpo, senza nessun preambolo, esplodeva a denti stretti:

«Ha scritto, ho ricevuto una lettera.» La signora Consolo non chiedeva mai 'chi' avesse scritto, tanto sapeva che si trattava sempre della stessa persona. Questo non significava che non ricevesse altre lettere, con lei però parlava sempre e solo di „quelle lettere, scritte da quella precisa persona" che fra l'altro non aveva nome: nessuno dei due aveva mai ritenuto necessario scendere in particolari così privati. Lei per una sorta di timidezza ma anche di rispetto verso quell'uomo rigido, di stampo militare; lui per ritegno e chissà per quali altri suoi motivi.

Quelle parole rimanevano sospese nell'aria, finché si spegneva ogni eco, ogni ricordo di quei suoni. Taceva a lungo. Seguiva un silenzio carico di tensioni, di attesa: chissà cosa

Das Blümchen

Normalerweise kam er in den ersten Nachmittagsstunden, ohne Ankündigung, nur kurz, nur auf einen Gruß, da er sich gerade wegen einer im nahe gelegenen Ministerium zu erledigenden Angelegenheit in der Gegend befand. Trotz der Beiläufigkeit und seiner sichtbaren Unruhe endete es damit, dass er einige Stunden blieb, manchmal bis zur Dämmerung: nach den üblichen zerstreut geäußerten Höflichkeiten, mit den Gedanken anderswo, den Blick im geräumigen, äußerst streng eingerichteten Empfangszimmer umherschweifen lassend – dunkle Möbel, schwer, im Renaissancestil, rote Damastvorhänge an den Fenstern – lehnte er entschieden ab, sich in einen der Ledersessel zu setzen, wo er sich doch nur eine Minute aufzuhalten gedachte ... plötzlich, ohne Präambel brach es zwischen seinen zusammengebissen Zähnen heraus:
»Sie hat geschrieben, ich habe einen Brief erhalten.« Frau Consolo fragte nie 'wer' geschrieben hatte, sie wusste ja, dass es sich immer um dieselbe Person handelte. Das bedeutete nicht, dass er nicht auch andere Briefe erhalten hätte, mit ihr aber sprach er immer nur über „diese Briefe, von jener bestimmten Person", die unter anderem keinen Namen hatte: keiner der beiden hatte es je für notwendig erachtet, sich in derart private Details zu vertiefen. Sie aus einer Art Schüchternheit aber auch aus Respekt jenem steifen Mann militärischen Schlages gegenüber, er aus Zurückhaltung und wer weiß aus welch anderen persönlichen Gründen.

Diese Worte standen im Raum, bis jegliches Echo, jede Erinnerung an diese Klänge verschwunden war. Lange schwieg er. Es folgte eine Stille voller Anspannungen und

si aspettava, che il pavimento lo inghiottisse, che i muri crollassero, che tutto precipitasse in uno sprofondo? Forse soltanto una domanda della signora Consolo, un semplice „chi ha scritto" detto con quella voce molle, senza nessun sottofondo erotico; una voce che si potrebbe definire casalinga, che però lo avrebbe riportato alla realtà, a una realtà che non aveva mai potuto accettare. Ma la signora Consolo non osava neanche respirare, taceva e lo osservava; magari avrebbe preferito sparire; lui al contrario si perdeva in quel silenzio, forse sorpreso dalle poche parole pronunciate suo malgrado. Sì, perché ogni parola che usciva dalla sua bocca era come se gli fosse sfuggita, a sua insaputa, quasi qualcuno dentro di lui e contro di lui, avesse deciso di parlare, senza prima interpellarlo: i pensieri, in forma di parole, scappavano via, resi indipendenti da chissà che spirito maligno.

Intanto, le lunghe gambe squadrate a compasso, misurava la sala in tutta la sua ampiezza, mentre con gesto molto teatrale, alzava le braccia per afferrarsi la testa con le due mani, due grandi mani maschili, poderose, con qualche pelo qua e là che ne accentuava la virilità. Infine si fermava in mezzo alla sala, esattamente sotto il grande lampadario di cristallo e stringeva i pugni, quasi per contenere la piena che minacciava di travolgerlo. Quando quelle parole ormai smarrite, dimenticate, erano sul punto di dileguarsi del tutto, quasi non fossero mai state pronunciate, il cavaliere Vito Gravina apriva la bocca quasi per prendere fiato, ancora senza pronunciare una sola sillaba. Poi un fiume, una valanga, una massa d'acqua rompeva gli argini precipitando rovinosamente, travolgendo ogni ostacolo, rovesciandosi sulla povera signora Consolo, che ben lontana dal voler opporre la benché minima resistenza, se ne stava seduta in un ango-

Erwartungen: wer weiß, ob er nicht erwartete, dass er vom Fußboden verschluckt werden, die Mauern einstürzen und alles in einen Abgrund stürzen würde? Vielleicht schon eine Frage Frau Consolos', ein einfaches „Wer hat geschrieben", in einem weichen Ton ohne erotischer Untermalung und mit einer Stimme ausgesprochen, die man als die einer Hausfrau bezeichnen könnte, hätte ihn in eine Wirklichkeit zurückholen können, in eine Wirklichkeit, die er nie zu akzeptieren imstande gewesen war. Aber Frau Consolo wagte nicht einmal zu atmen, sie schwieg und beobachtete ihn; vielleicht hätte sie es vorgezogen zu verschwinden; er hingegen verlor sich in diesem Schweigen, vielleicht von jenen wenigen, gegen seinen Willen geäußerten Worten überrascht. Ja, denn jedes Wort, das aus seinem Mund kam war, als wäre es ohne sein Wissen entflohen, beinahe als ob jemand in ihm und gegen ihn zu reden beschlossen hätte, ohne ihn vorher zu Rate zu ziehen: die Gedanken, in Form von Worten entflohen, unabhängig gemacht von wer weiß welch bösem Geist.

Inzwischen vermaß er mit langen, abgezirkelten Schritten den Raum in seiner ganzen Weite, während er mit theatralischer Geste die Arme hob, um sich mit den beiden großen, männlichen, mächtigen Händen, da und dort etwas behaart, was die Männlichkeit betonte, an den Kopf zu fassen. Dann endlich blieb er mitten im Raum stehen, genau unter dem großen Kristallluster und ballte die Fäuste, beinahe als wolle er der Flut Einhalt gebieten, die ihn zu überwältigen drohte. Als diese ersten, mittlerweile verloren gegangenen, vergessenen Worte endgültig im Begriff waren sich zu verflüchtigen, beinahe so als wären sie nie ausgesprochen worden, öffnete der Cavaliere Vito Gravina den Mund, so als wolle er Luft holen, aber immer noch ohne eine Silbe von sich zu geben. Dann kam ein Strom, eine Lawine, eine Wasserfront, die zerstörerisch niederbrechend die Ufer überspülte, jedes Hindernis überflutend und über die arme Frau Consolo hereinbrechend, die halb betäubt in einer finsteren

lo buio della stanza, mezzo tramortita, attenta a trattenere il respiro. Conosceva quelle esplosioni. Il cavaliere veniva sempre quando era sull'orlo del precipizio, ormai lo sapeva, e sapeva anche che nulla avrebbe potuto trattenere quella valanga di parole, di emozioni, quella sorta di vulcano in eruzione che si riversava su di lei, creatura indifesa. Anche se non proprio del tutto indifesa.

Per lui quella donna rappresentava l'ideale pressoché irraggiungibile di perfezione; l'ancora di salvezza per ogni uomo degno di rispetto; specchio di principi chiari, solidi, irremovibili cui aspirava dal profondo della sua anima. Lui parlava parlava, senza mai dire quello che premeva, quello che nascondeva anche a se stesso: sentiva di dover misurare le parole, di non scoprirsi se voleva continuare a vederla, a vivere in quella specie di limbo senza futuro. Neanche una mezza parola di troppo, un'allusione, uno sguardo che potesse tradire la passione che in realtà sconvolgeva i suoi giorni, le sue notti. Una tempesta tenuta sotto continuo controllo. Un freno nato in anni di autodisciplina col quale riusciva a bloccare in tempo quel tremendo impulso che avrebbe potuto significare la sua rovina e quella di lei: il senso dell'onore, del rispetto verso quella famiglia andava oltre ogni altro sentimento, ogni debolezza dei sensi.

La signora Consolo, barricata dietro un muro di ingenuità – e non era chiaro neanche a lei quanto questa fosse autentica, quanto le servisse di difesa contro quegli attacchi muti di parole sottaciute ma carichi di emozioni represse – in realtà ne era profondamente scossa. Ogni volta le sembrava di aver superato una prova: appena lui usciva veniva presa da un fortissimo tremore e si chiudeva in camera, dicendo di avere un attacco di emicrania. E forse era anche vero.

Quelle visite si concludevano sempre allo stesso modo:

Ecke des Zimmers saß und den Atem anhielt. Sie kannte diese Ausbrüche. Der Cavaliere kam immer, wenn er am Rande des Abgrunds stand, sie wusste es mittlerweile und sie wusste auch, dass nichts diese Lawine von Worten, Gefühlen, diesen im Ausbruch befindlichen Vulkan würde stoppen können, all das, was sich da über sie, dieses wehrlose Wesen ergießen würde. Auch wenn nicht so ganz wehrlos.

Für ihn stellte diese Frau ein beinahe unerreichbares Ideal der Vollkommenheit dar; den Rettungsanker eines jeden Mannes, der Achtung verdient; ein Spiegel klarer, fester, unverrückbarer Prinzipien, die er aus tiefster Seele anstrebte. Er redete, redete ohne je zu sagen, was ihm am Herzen lag, was er vor sich selbst verbarg; er spürte, dass er seine Worte abwägen musste, sich nicht offenbaren durfte, wenn er sie weiterhin sehen, wenn er weiterhin in dieser Art Limbus leben wollte. Kein einziges Wort zu viel, keine Andeutung, kein Blick, der die Leidenschaft verraten könnte, die in Wirklichkeit seine Tage, seine Nächte störte. Ein ständig unter Kontrolle gehaltener Sturm. Eine in Jahren der Selbstdisziplin entstandene Bremse, mit der er rechtzeitig jenen furchtbaren Impuls stoppen konnte, der seinen und ihren Ruin bedeuten könnte; das Ehrgefühl, der Respekt dieser Familie gegenüber überstieg jedes andere Gefühl, jede Schwäche der Sinne.

Frau Consolo, hinter einer Mauer der Arglosigkeit verschanzt – und es war nicht einmal ihr klar, wie authentisch diese war, wie sehr sie ihr als Schutz gegen diese stummen Angriffe der unausgesprochenen aber von unterdrückten Gefühlen übervollen Worte diente – war davon in Wirklichkeit zutiefst erschüttert, jedes Mal schien ihr, sie habe eine Prüfung bestanden: sowie er fortging, wurde sie von sehr starker Erregung ergriffen und sie verschanzte sich im Schlafzimmer, einen Migräneanfall vorschützend. Und vielleicht hatte sie den wirklich.

Diese Besuche endeten immer auf dieselbe Weise: plötz-

di colpo, il cavaliere quasi si rendesse conto del luogo, dell'ora, della situazione, riemergeva alla superficie e bruscamente interrompeva il suo soliloquio, se necessario lasciando una frase a metà. E letteralmente scappava.

«Devo tornare a casa» e balzava verso la porta. Con due salti era già fuori, lasciandosi appena il tempo per un inchino, un precipitoso baciamano, perché lui usava baciare la mano alle signore, non veramente, soltanto il gesto, l'unico contatto fisico che si permetteva, e già la porta si chiudeva dietro le sue spalle, senza neanche dare il tempo alla signora Consolo di alzarsi per congedarlo, secondo le buone regole dell'educazione.

Non che ci fosse qualcuno che lo aspettasse; viveva solo o meglio, aveva affittato una stanza della sua casa a un vecchio camerata, del quale non parlava mai. Vi accennava sempre di passaggio senza mai aggiungere niente di particolare. Si sapeva soltanto che quel signore non aveva il permesso di usare il telefono e, cosa ancora più curiosa, non doveva rispondere alle chiamate e non aprire la porta in assenza del padrone di casa!

Era possibile che nella stessa settimana si facesse vedere un paio di volte, sempre col medesimo rituale, sempre senza una scusa plausibile che giustificasse le sue apparizioni, con relative fughe precipitose, quasi fosse inseguito da qualcuno o da qualcosa. Poi spariva per alcuni mesi. Tornava, sempre di fretta, quasi si fosse assentato solo da qualche giorno né considerava necessario dare qualche spiegazione. Quelle visite erano riservate esclusivamente alla signora Consolo, dato che le sue due figliole non dimostravano nessun interesse per il cavaliere, anzi appena sentivano la sua voce tonante scappavano nella loro stanza.

Il dottor Consolo a quell'ora era fuori casa per lavoro.

Che fosse innamorato? Che covasse una passione segreta?

lich, beinahe als würde ihm der Ort, die Stunde, die Situation bewusst, kam der Cavaliere wieder an die Oberfläche, unterbrach brüsk sein Selbstgespräch, wenn nötig einen Satz unvollendet lassend. Und er flüchtete buchstäblich.

»Ich muss nach Hause«, und er rannte zur Tür. In zwei Sätzen war er bereits draußen, sich gerade einmal Zeit für eine Verbeugung lassend, einen flüchtigen Handkuss, weil er den Frauen die Hand zu küssen pflegte, nicht wirklich, es war nur eine Geste, der einzige körperliche Kontakt, den er sich zugestand, und schon schloss sich die Tür hinter ihm, ohne Frau Consolo die Zeit zu lassen, aufzustehen und ihn nach den guten Regeln des Anstands zu verabschieden.

Nicht dass da jemand auf ihn gewartet hätte; er lebte allein, das heißt, er hatte einem alten Kameraden, über den er nie sprach, ein Zimmer in seinem Haus vermietet. Er sprach es immer nebenbei an, ohne jemals irgendetwas Genaueres hinzuzufügen. Man wusste nur, dass dieser Herr keine Erlaubnis hatte das Telefon zu benutzen und, noch seltsamer, dass er die Anrufe nicht entgegennehmen und die Tür in Abwesenheit des Hausherrn nicht aufmachen durfte!

Es kam vor, dass er sich in derselben Woche einige Male blicken ließ, immer mit demselben Ritual, immer ohne einen triftigen Grund, der sein Auftauchen gerechtfertigt hätte, und mit darauffolgender überstürzter Flucht, beinahe so, als würde er von jemandem oder etwas verfolgt. Dann verschwand er für einige Monate. Er kam zurück, immer in Eile, beinahe als wäre er nur einige Tage fort gewesen und er erachtete es auch nicht für notwendig eine Erklärung abzugeben. Diese Besuche waren ausschließlich Frau Consolo vorbehalten, da ihre beiden Töchter keinerlei Interesse für den Cavaliere zeigten, im Gegenteil, wenn sie seine tönende Stimme hörten, flüchteten sie in ihre Zimmer.

Dottore Consolo war während dieser Stunden aus Arbeitsgründen außer Haus.

War er verliebt? Brütete er eine geheime Leidenschaft aus?

Le due ragazzine ridacchiavano fra di loro e lo consideravano lo spasimante della madre. La signora Consolo, una personcina assai riservata, di modesta bellezza, ancora giovane nonostante le figlie adolescenti, insieme alla famiglia si era trasferita nella capitale da poco tempo. Conosceva il cavaliere già da prima della guerra. In quella piccola città dell'interno della Sicilia si conoscevano tutti, ognuno sapeva tutto di tutti, da generazioni.

Qualche anno prima che iniziasse la guerra, Giuseppe Consolo e Vito Gravina, finita la scuola, dopo anni di amicizia intensissima, in cui si poteva dire che trascorressero tutte le ore del giorno e parte della notte insieme, si erano separati: Giuseppe aveva intrapreso gli studi universitari a Catania, sposando nello stesso tempo l'unica figlia di una famiglia benestante della sua cittadina di origine, mentre Vito si era trasferito all'Accademia di Modena, attratto dalla carriera militare. Si persero di vista per molti anni. A metà degli anni Cinquanta, dovendo sbrigare certe sue pratiche al Ministero della Difesa, l'ormai cavaliere Vito Gravina rivide per caso in uno dei corridoi del Ministero il suo vecchio compagno di scuola: il dottor Consolo alto funzionario e persona assai rispettabile. Un colpo di fortuna per il cavaliere, senza contare che essendo rimasto solo, senza famiglia, come dichiarò subito, fu invitato a venire a trovarli tutte le volte che passava da quelle parti. La casa del dottor Consolo era proprio di fronte al Ministero, un palazzo signorile con una statua in mezzo al cortile d'ingresso, due scale padronali e appartamenti di lusso. Da qui, le sue visite.

La signora Consolo, dopo un periodo di adattamento, di imbarazzati rossori, di silenzi pieni di attesa, diventò la sua confidente. A lei, solo a lei raccontava, in un linguaggio da romanzo d'appendice, la storia della sua vita, escludendo sempre particolari di carattere privato che evidentemente non considerava necessari. In realtà si trattava della vicenda

Die beiden Mädchen kicherten miteinander und hielten ihn für den Verehrer der Mutter. Frau Consolo, ein sehr reserviertes Persönchen von bescheidener Schönheit, noch jung, trotz der pubertierenden Töchter, war mit der Familie erst seit kurzem in die Hauptstadt gezogen. Sie kannte den Cavaliere schon seit vor dem Krieg. In der kleinen Stadt im Inneren Siziliens kannten sich alle, jeder wusste alles von allen, seit Generationen.

Einige Monate bevor der Krieg begann, hatten sich die Wege Giuseppe Consolos und Vito Gravinas bei Schulende nach Jahren engster Freundschaft, im Laufe derer, könnte man sagen, sie jede Stunde des Tages und manche der Nacht miteinander verbracht hatten, getrennt: Giuseppe hatte ein Universitätsstudium in Catania begonnen und gleichzeitig die einzige Tochter einer begüterten Familie seiner Geburtsstadt geheiratet, während Vito, angelockt von einer Militärlaufbahn, nach Modena auf die Akademie gegangen war. Sie verloren sich über viele Jahre aus den Augen. Mitte der fünfziger Jahre, als er gewisse Angelegenheiten im Verteidigungsministerium zu erledigen hatte, sah der inzwischen zum Cavaliere gewordene Vito Gravina seinen alten Schulfreund, den Dottore Consolo wieder, einen hohen Funktionär und eine ziemlich angesehene Person. Ein Glücksfall für den Cavaliere, auch weil er, alleine geblieben und ohne Familie, wie er gleich wissen ließ, jedes Mal, da er in der Gegend war, auf einen Besuch eingeladen wurde. Dottore Consolos Wohnung lag genau dem Ministerium gegenüber, in einem eleganten Gebäude mit einer Statue mitten im Vorhof, zwei herrschaftlichen Aufgängen und Luxuswohnungen. Daher also seine Besuche.

Frau Consolo wurde nach einer Gewöhnungsphase voll peinlichem Erröten und erwartungsvollem Schweigen seine Vertraute. Ihr, nur ihr erzählte er in der Sprache eines Groschenromans die Geschichte seines Lebens, immer Einzelheiten privater Natur ausschließend, die er für überflüssig hielt. In Wirklichkeit handelte es sich um eine sentimentale

sentimentale – secondo lui „non sentimentale" – e dei tradimenti, o meglio del solo, lungo tradimento che lo tormentava ormai da più di quindici anni. Se poi spariva per mesi interi, al ritorno, dimentico di quanto aveva già raccontato la volta precedente, ricominciava lo stesso racconto, variando qualche particolare secondo le necessità melodrammatiche del momento, improvvisando volta per volta a braccio.

All'inizio la povera signora Consolo non riusciva a districare quella matassa arruffata di episodi contraddittori, confusi, stravaganti, tanto da sembrare inventati lì per lì per fare effetto o per un improvviso capriccio del capo-comico. Ogni volta le sembrava di assistere, lei sola, affascinata, stupita, di rado divertita, a uno spettacolo teatrale, con battute a sorpresa, scene mute cariche di significato, frasi appena sussurrate, borbottate fra i denti, pause ben studiate per provocare emozioni, attesa. Il tutto accompagnato da una gestualità da tragedia greca. Questi racconti giravano sempre intorno a un tema, la relazione non amorosa, e questo era il punto: „non amorosa", fra una donna e un uomo, il ruolo fondamentale della fatalità e, infine, l'impossibilità di uscirne!

Il cavaliere Vito Gravina era alto, diritto, piuttosto magro, con folti capelli grigi e un bel paio di baffi neri (le figlie della signora Consolo sospettavano che se li tingesse) che accentuavano la straordinaria mobilità del viso scarno, estremamente espressivo. Una figura molto elegante, spalle quadrate, vita sottile, gambe lunghe, aveva un portamento che tradiva anni di disciplina, di parate militari. Vestiva con cura particolare: erano ancora visibili i segni di un'antica vanità, di una ricercatezza quasi ottocentesca. Evitava con cura di parlare del suo passato ideologico, in generale della sua ap-

Angelegenheit – laut ihm „nicht sentimental" – und um einen Treuebruch oder besser gesagt um einen alten Betrug, der ihn mittlerweile seit über fünfzehn Jahren quälte. Wenn er dann für Monate verschwunden war, begann er bei seiner Rückkehr dieselbe Geschichte von neuem zu erzählen, vergaß völlig, was er bereits beim letzten Mal erzählt hatte, änderte je nach melodramatischen Bedürfnissen des Augenblicks einige Details, von Mal zu Mal frei improvisierend.

Anfänglich gelang es Frau Consolo nicht dieses verquirlte Durcheinander widersprüchlicher, konfuser, extravaganter Episoden zu entwirren, die den Eindruck erweckten, gerade in dem Moment erfunden worden zu sein, um Eindruck zu schinden oder einfach aus einer plötzlichen Laune des Hauptdarstellers heraus. Jedes Mal schien ihr als wohne sie alleine, fasziniert, erstaunt, selten vergnügt einer Theatervorführung mit überraschenden Pointen bei, stummen, sinnüberfrachteten Szenen, gerade einmal geflüsterten, durch die Zähne gepressten Sätzen, gut einstudierten Pausen, um Emotionen zu provozieren, gezieltes Warten. Alles begleitet von einer Gestik der griechischen Tragödie. Diese Geschichten kreisten immer um das einzige Thema einer nicht amourösen Beziehung und die Punkte waren: eine „nicht amouröse" Beziehung zwischen einer Frau und einem Mann, die fundamentale Rolle des Zufalls und schließlich, die Unmöglichkeit davon loszukommen!

Cavaliere Vito Gravina war groß, gerade, ziemlich mager mit dichtem grauen Haar und einem schönen schwarzen Schnurrbart (die Töchter von Frau Consolo vermuteten, dass er ihn färbte), der die außergewöhnliche Beweglichkeit des hageren, extrem ausdrucksstarken Gesichts betonte. Eine sehr elegante Erscheinung, kantige Schultern, schmale Taille, lange Beine, ein Auftreten, das die Disziplin, die Militärparaden all der Jahre verriet. Er kleidete sich mit besonderer Aufmerksamkeit: noch waren die Zeichen einer verflossenen Eitelkeit, einer dem neunzehnten Jahrhundert an-

partenenza al partito fascista, dichiarando con una certa autorità che non permetteva ulteriori discussioni, di essere apolitico per un vecchio principio di famiglia. Ora a riposo, anche in borghese dava l'impressione di portare la divisa tanto era rigido nei movimenti, angoloso, militaresco: il suo inchino poi era assolutamente perfetto.

Non era chiaro con quale grado si fosse ritirato a vita privata, ma tutto il suo atteggiamento oltre al cavalierato ottenuto in passato per meriti particolari, lasciava presupporre qualcosa di molto importante, forse generale o qualcosa del genere. Su questo argomento però preferiva sempre sorvolare, solo qualche accenno al suo attendente, alla sua divisa di ufficiale, alle sue medaglie, ma si fermava sempre in tempo.

La signora Consolo, con la discrezione che la distingueva, non faceva mai domande. Semmai il marito avrebbe dovuto sapere qualcosa, ma neanche lui parlava volentieri del passato: certe vergogne bisogna tenerle per sé, usava rispondere, se soltanto avessimo concluso dignitosamente la guerra, la fine della monarchia... e anche qui si fermava.

Questo atteggiamento di insospettato pudore, anzi di disdegnosa modestia, doveva costargli uno sforzo fuori del comune, dato che il cavaliere era per naturale disposizione estremamente vanitoso. Il suo modo di parlare era ampolloso, enfatico; ogni parola, anche la più banale, detta da lui acquistava un significato grandioso. Quando si lasciava andare, quando cioè allentava quei freni, necessari per mantenere quella relazione „non amorosa" ma di pura amicizia che appunto lo legava alla signora Consolo, sembrava che le parole scaturissero per la prima volta da un cervello umano in un'estasi di suoni, inventati lì per lì, come sortiti dal nulla.

gehörigen Erlesenheit sichtbar. Er vermied es sorgfältig von seiner ideologischen Vergangenheit, ganz allgemein über seine Zugehörigkeit zur faschistischen Partei zu sprechen, indem er mit einer gewissen Autorität, die keine weitere Diskussion zuließ erklärte, dass er einem alten Familienprinzip folgend apolitisch sei. Jetzt, im Ruhestand, vermittelte er auch in ziviler Kleidung den Eindruck, er trage eine Uniform, so steif war er in seinen Bewegungen, eckig, militärisch: seine Verbeugung war absolut perfekt.

Es war nicht klar mit welchem Dienstgrad er sich ins Privatleben zurückgezogen hatte, aber abgesehen von der in der Vergangenheit für besondere Verdienste erhaltenen Ernennung zum Cavaliere, ließ sein Auftreten jemanden sehr Wichtigen vermuten, vielleicht einen General oder etwas in der Art. Er zog es aber vor, dieses Thema immer zu übergehen, machte nur einige Andeutungen auf seinen Adjutanten, auf seine Offiziersuniform, seine Auszeichnungen, doch er bremste sich immer rechtzeitig.

Aus Zurückhaltung, die sie auszeichnete, stellte Frau Consolo nie Fragen. Allenfalls hätte ihr Gatte etwas wissen können, aber auch er sprach nicht gerne über die Vergangenheit: gewisse Schändlichkeiten muss man für sich behalten, pflegte er zu antworten, wenn wir nur den Krieg würdevoll zu Ende gebracht hätten, das Ende der Monarchie … und da brach er ab.

Diese Haltung einer unvermuteten Schamhaftigkeit, beziehungsweise einer abweisenden Bescheidenheit musste für den Cavaliere einen außergewöhnlichen Kraftaufwand darstellen, da er aus einer natürlichen Veranlagung heraus äußerst eitel war. Seine Art zu sprechen war schwülstig, emphatisch, jedes Wort, auch das banalste, bekam von ihm eine ausgesprochen grandiose Bedeutung. Wenn er sich gehen ließ, wenn er also jene Bremsen lockerte, die er für notwendig hielt, um diese „nicht-amouröse“ sondern rein freundschaftliche Beziehung aufrecht zu halten, die ihn eben an Frau Consolo band, schien es, dass diese Worte zum ersten

Inoltre gesticolava come un attore del cinema muto, con una mimica melodrammatica, la mano spesso sul petto, come un tenore.

Se solo diceva SI-GNOO-RA, si riempiva la bocca, assaporando ogni sillaba con visibile piacere. Il suo modo di parlare farraginoso, avvocatesco, mal si adattava alla storia da lui stesso definita delicata, intima, che costituiva il tema invariato dei suoi monologhi. Se poi gli riusciva di inframmettere parole come patria, padre, onore, parole che del resto prediligeva in modo particolare, si fermava in mezzo alla stanza, allargava le braccia e il pathos raggiungeva il suo culmine, sommergendo lui stesso. Restava muto un momento, sopraffatto, commosso. Le ragazze, soprattutto la più giovane, contraffacevano la magniloquenza dell'ospite, quel suo modo di pronunciare le parole staccando ogni sillaba, modulando la voce come un attore di altri tempi, fra le risate di tutta la famiglia. Solo il padre sorrideva appena, forse per un certo riguardo verso l'amico assente o perché in qualche modo si riconosceva nelle caricature della figlia.

Il cavaliere Gravina era di una bruttezza che rasentava la vera bellezza. La signora Consolo lo definiva un bel brutto. Con quel viso e la voce duttilissima, che sapeva modulare in tutte le tonalità, avrebbe potuto fare una carriera di attore, se soltanto un regista cinematografico lo avesse scoperto. C'era solo il problema del suo onore. Mai avrebbe acconsentito a prodursi pubblicamente. La signora Consolo una volta, sempre con molta cautela, si era lasciata sfuggire:

«Lei è un attore nato» e si pentì subito, vedendo la reazione piuttosto risentita del cavaliere. Infatti proveniva da una ricca famiglia di proprietari terrieri, con centrale elet-

Mal, in einer Ekstase aus wie aus dem Nichts im Stehgreif erfundenen Klängen, einem menschlichen Hirn entsprangen. Außerdem gestikulierte er wie ein Schauspieler in einem Stummfilm, mit einer melodramatischen Mimik, die Hand häufig an der Brust wie ein Tenor.

Auch wenn er nur „SI-GNOOO-RA" sagte, ließ er das Wort im Mund zergehen, kostete jede Silbe mit sichtbarem Genuss aus. Seine wirre, advokatenhafte Art zu reden passte schlecht zu der Geschichte, die er selbst als delikat, intim bezeichnete, und die das unveränderte Thema seiner Monologe darstellte. Und wenn es ihm gelang Wörter wie Vaterland, Vater, Ehre einzuflechten, Wörter, die er übrigens besonders bevorzugte, blieb er mitten im Raum stehen, breitete die Arme aus und der Pathos erreichte den Höhepunkt und überschwemmte ihn selbst. Er blieb einen Augenblick stumm, überwältigt, gerührt. Die Mädchen, vor allem das jüngere der beiden, äfften die Feierlichkeit des Gastes nach, seine Art die Wörter zu skandieren, jede Silbe für sich, die Stimme unter dem Gelächter der gesamten Familie wie ein Schauspieler aus vergangenen Zeiten modulierend. Nur der Vater lächelte kaum, vielleicht aus Rücksicht auf den abwesenden Freund, oder weil er sich irgendwie auch in der Karikatur wiedererkannte.

Der Cavaliere Gravina war von einer Hässlichkeit, die beinahe an Schönheit grenzte. Frau Consolo nannte ihn einen schönen Hässlichen. Mit diesem Gesicht und der geschmeidigen Stimme, die er in allen Tonlagen zu modulieren wusste, hätte er als Schauspieler Karriere machen können, wenn ihn bloß ein Filmregisseur entdeckt hätte. Da war nur das Problem mit der Ehre. Nie hätte er zugestimmt, sich öffentlich zur Schau zu stellen. Frau Consolo hatte einmal, immer mit größter Vorsicht, die Bemerkung fallen lassen:

»Sie sind der geborene Schauspieler«, und bereute es sofort, als sie die ziemlich aufgebrachte Reaktion des Cavaliere sah. In der Tat stammte er aus einer Familie reicher Grund-

trica, miniere e chissà che altro ancora. Siciliano, come del resto la famiglia Consolo, viveva praticamente di rendita e di cause che intentava regolarmente contro questo e quello, per i più svariati motivi. Non si capiva neanche cosa lo tenesse a Roma, forse i diversi ministeri, o una qualche relazione equivoca, o, come supponevano le ragazze, un grande amore irrealizzato.

In modo assai confuso, sorvolando particolari che forse lo avrebbero messo in cattiva luce, ma che avrebbero chiarito la storia, raccontava di un suo incontro, durante la guerra, vicino a Trieste o a Trieste stessa, con una giovane ebrea, nascosta presso una famiglia di amici. A volte però la ragazza non era ebrea ma gli amici che la ospitavano. E la ragazza era di origine slava, oppure italiana puro sangue.

«Una bambina innocente, signora, un agnellino smarrito» e qui la storia si ingarbugliava: da uomo d'onore e soldato, durante un bombardamento aveva salvato la ragazza. A volte era invece la famiglia amica, ebrea, che aveva salvato da un rastrellamento (mai chiaro chi avesse salvato, a volte diceva una cosa, a volte un'altra), e la ragazza che abitava da loro gli era stata affidata con la preghiera di portarla in luogo sicuro. Senza sapere come, si era ritrovato solo con l'agnellino smarrito, in una situazione assai pericolosa anche per lui.

«In una parola, cara signora, l'ho-do-vu-ta-spo-sa-re!» Per darle la cittadinanza, ma anche per motivi di onore non ben precisati. Che lui se ne fosse innamorato, non volle ammetterlo mai, lo escluse sempre categoricamente, benché la signora Consolo tentasse con estremo tatto di farglielo confessare.

besitzer mit einem Elektrizitätswerk, Bergwerken und wer weiß was noch. Aus Sizilien stammend, wie übrigens die Familie Consolo auch, lebte er praktisch von Renditen und Gerichtsverfahren, die er gegen den einen und den anderen aus den unterschiedlichsten Gründen anstrengte. Man verstand nicht, was ihn in Rom hielt, vielleicht die verschiedenen Ministerien oder eine anrüchige Beziehung oder, wie die Mädchen vermuteten, eine große unerfüllte Liebe.

Über Einzelheiten hinwegsehend, die ihn vielleicht in ein schlechtes Licht hätten rücken können, die aber die Geschichte geklärt hätten, erzählte er auf wirre Art, von einer Begegnung während des Krieges in der Nähe Triests oder in Triest selbst, mit einer jungen Jüdin, versteckt bei einer Familie von Freunden. Manchmal aber war das Mädchen mitnichten Jüdin sondern die Freunde, die es beherbergten. Und das Mädchen war slawischen Ursprungs oder reinrassige Italienerin.

»Ein unschuldiges Mädchen, Signora, ein verirrtes Lämmchen«, und da wurde die Geschichte verworren: als Ehrenmann und Soldat hatte er das Mädchen während eines Bombardements gerettet. Manchmal war es hingegen die befreundete Familie, Juden, die er vor einer Säuberungsaktion bewahrt hatte (es war nie klar, wen er gerettet hatte, einmal sagte er das eine, dann wieder etwas anderes) und das Mädchen, das bei ihnen wohnte, wurde ihm mit der Bitte anvertraut, es an einen sicheren Ort zu bringen. Ohne zu wissen wie, fand er sich alleine mit dem verirrten Lämmchen in einer auch für ihn ziemlich gefährlichen Situation wieder.

»Mit einem Wort, liebe Signora, ich-mu-ss-te-sie-hei-ra-ten!« Um ihr die Staatsbürgerschaft zu verschaffen, aber auch aus nicht näher benannten Gründen der Ehre. Dass er sich in sie verliebt hatte, wollte er nie zugeben, schloss es immer kategorisch aus, obwohl Frau Consolo mit größtem Takt versuchte, ihm das Geständnis zu entlo-

«Amore», e gonfiava il petto «amore no, solo DO-VEE-RE.» E si fermava un momento, impressionato lui stesso dalla grandiosità del suo gesto.

Il dovere lo costrinse a procreare una figlia.

«Un momento di debolezza, un raptus... erano momenti assai difficili per tutti e... basta. Anche un uomo d'onore può soccombere alle lusinghe di una giovane donna.»

Condusse la ragazza in un luogo sperduto, nell'interno della Sicilia, nella casa paterna, per affidarla alle cure di un fratello scapolo, più vecchio di lui. La lasciò al sicuro, lontana dalla guerra e da altri pericoli non precisati. Così almeno aveva creduto. Non si attardò mai a descrivere il lungo viaggio da Trieste fino all'isola. Diceva sempre, con un gran gesto teatrale:

«Cara signora, un dramma. Da far tremare i polsi anche a un soldato come me.»

La giovane donna, moglie o soltanto compagna, «Sa, cara signora, in tempi di guerra, il caos, chi pensa a queste cose?» dopo non molto tempo, lasciando ancora la bambina in fasce, fuggì.

«Signora, e-sa-tta-me-nte, fuggì.» A volte diceva che era fuggita per raggiungere la propria famiglia, altre che la famiglia non esisteva più, finita in un campo di concentramento tedesco; poi veniva fuori un giovane ufficiale, suo collega col quale sembrava essere fuggita.

«Un tradimento, signora, della pe-ggio-re specie.» E qui venivano parole come dolore esacerbato, cuore spezzato, straziato, esulcerato, ecc, naturalmente si trattava del suo povero cuore, benché secondo le sue affermazioni, in tutta quella relazione l'amore non avesse mai trovato posto.

«Ma l'inganno, signora, e l'ingra-ti-tu-di-ne.»

cken.

»Liebe«, und er pumpte den Brustkorb auf, »Liebe, nein, nur PFLII-ICHT!« Und er hielt einen Moment inne, selbst beeindruckt von der Größe seiner Geste.

Die Pflicht zwang ihn eine Tochter zu zeugen.

»Ein Moment der Schwäche, ein Raptus ... das waren äußerst schwierige Momente für alle und ... Schluss. Auch ein Ehrenmann kann den Verlockungen einer jungen Frau erliegen.«

Er brachte das Mädchen an einen einsamen Ort im Inneren Siziliens, ins väterliche Heim, um sie der Aufsicht eines ledigen älteren Bruders zu übergeben. Er ließ sie in Sicherheit, weit weg vom Krieg und anderen nicht näher bezeichneten Gefahren. Das jedenfalls hatte er geglaubt. Er hielt sich nie damit auf, die lange Reise von Triest bis auf die Insel zu beschreiben. Er sagte immer mit einer großen theatralischen Geste:

»Liebe Signora, ein Drama. Das auch einem Soldaten wie mir das Blut in den Adern gefrieren lassen konnte.«

Die junge Frau, Gattin oder bloß Gefährtin, »Wissen Sie, liebe Signora, in Kriegszeiten, das Chaos, wer denkt da an diese Dinge?«, flüchtete nach kurzer Zeit, das Kind, das noch in den Windeln lag, zurücklassend.

»Signora, ganz-ge-nau, sie flüch-te-te.« Manchmal sagte er, sie sei geflohen, um zu ihrer Familie zurückzukehren, dann wieder, dass ihre Familie nicht mehr existierte, dass sie in einem deutschen Konzentrationslager gelandet sei; dann tauchte ein junger Offizier auf, ein Kamerad, mit dem sie geflohen zu sein schien.

»Ein Verrat, Signora, ein Verrat der schlimm-sten Sorte.« Und dann folgten Wörter wie schneidender Schmerz, gebrochenes Herz, zerrissen, gekränkt und so weiter, natürlich handelte es sich um sein armes Herz, obwohl laut seinen Behauptungen in dieser ganzen Beziehung die Liebe nie Platz gefunden hatte.

»Aber der Betrug, Signora, die Un-dank-bar-keit.«

A lui rimase la bambina.

«Un fiorellino, signora, un fiorellino», e univa il pollice e l'indice come stesse reggendo una margheritina, un filino d'erba, un qualcosa di estremamente fragile, delicato, del quale fu costretto ad occuparsi insieme al suo attendente. Qui si dilungava in storie di pannolini, pappe, pipì popò e problemi di questo genere. Appena gli fu possibile l'affidò alle suore di un collegio per orfani di ufficiali, a Firenze. La bambina naturalmente non era orfana, ma lui dichiarò, in forma del tutto ufficiale, la madre per morta!

«Signora, in tempi di guerra non ci si sofferma su certi dettagli.» Dimenticando il particolare che la guerra era già finita da almeno due anni. Così risparmiò di pagare la retta o forse pagò solo la metà. Era infatti tirchio fino alla mania: la sua avarizia proverbiale era spesso argomento di scherzi presso la famiglia Consolo. Quando si parlava di denaro soffriva visibilmente, addirittura fisicamente: il suo viso si raggrinziva in mille rughe contraendo ogni muscolo in uno sforzo di estremo dolore, quasi gli venisse cavato un dente a freddo, senza anestesia.

Le ambiguità a proposito della madre della bambina, sconcertavano la signora Consolo. Se chiedeva spiegazioni al marito, questi, imperturbabile, rispondeva: „Credevo fosse sposato“, e cambiava discorso. È possibile che neanche lui ne sapesse di più. A volte il cavaliere si lasciava sfuggire qualcosa su aiuti finanziari che doveva passare alla madre del fiorellino, il vero motivo delle lettere periodiche. Si metteva una mano sul cuore e proclamava con l'enfasi che gli era propria:

«Un gentiluomo non può restare sordo a certi appelli.» Ma si vedeva quanta sofferenza gli procurassero tali appelli. Senza contare che, senza volerlo, lasciava trapelare una relazione della moglie con un bellimbusto, un mascalzone che la

Ihm blieb das Kind.

»Ein Blümchen, Signora, ein Blümchen«, und er legte die Spitze des Daumens und des Zeigefingers aneinander, als ob er eine Margerite, einen Grashalm, etwas äußerst Zerbrechliches, Zartes halten wolle, worum er gezwungen war sich mit seinem Adjutanten zu kümmern. Hier verzettelte er sich in Geschichten von Windeln, Brei, Pippi, Popo und Problemen dieser Art. Sowie es ihm möglich war, vertraute er sie den Schwestern eines Instituts für Offizierswaisen in Florenz an. Das Kind war natürlich keine Waise, aber er erklärte die Mutter offiziell für tot!

»Signora, in Kriegszeiten hält man sich nicht mit gewissen Details auf«, und vergaß ganz das Detail, dass der Krieg bereits seit zwei Jahren beendet war. So ersparte er sich die Bezahlung der Monatspension oder vielleicht bezahlte er nur die Hälfte. Er war in der Tat krankhaft geizig: sein sprichwörtlicher Geiz war häufig Gegenstand von Scherzen in der Familie Consolo. Sprach man über Geld, litt er augenscheinlich, sogar körperlich; sein Gesicht verzog sich zu tausend Runzeln, während jeder Muskel sich in einer Anstrengung äußersten Schmerzes verkrampfte, beinahe so, als würde ihm ohne Betäubung ein Zahn gezogen.

Die Widersprüche die Mutter und das Mädchen betreffend bekümmerten Frau Consolo. Wenn sie ihren Mann um Erklärungen ersuchte, antwortete dieser gleichmütig: „Ich glaubte, er wäre verheiratet", und wechselte das Thema. Es kann sein, dass auch er nicht mehr wusste. Manchmal entschlüpfte dem Cavaliere etwas über finanzielle Hilfen, die er der Mutter des Blümchens überweisen musste, der wahre Grund der periodischen Briefe. Er legte eine Hand aufs Herz und erklärte mit dem ihm eigenen Nachdruck:

»Ein Ehrenmann darf gewisse Bitten nicht unerhört lassen.« Man sah aber, welche Schmerzen ihm gewisse Bitten bescherten. Ohne zu bedenken, dass er, ohne es zu wollen, eine Beziehung seiner Frau mit einem Gecken, einem Schurken durchblicken ließ, der sie misshandelte, sie die Situati-

maltrattava, la sfruttava approfittando della situazione.

«Certe donne non vogliono altro.» commentava con disprezzo.

La figlia, ora quindicenne, bruciava dalla voglia di uscire dall'internato. Il padre andava a prenderla i due mesi delle vacanze estive e una settimana o due per le feste di Natale.

«La responsabilità e l'età pericolosa.» e la portava in Sicilia, in quella stessa casa sperduta in mezzo alla campagna da dove era scappata anni prima la madre. Qui, in compagnia del vecchio zio, misantropo, anche lui afflitto da incurabile avarizia, la costringeva a trascorrere le vacanze. In una parola, temeva il momento in cui la figlia sarebbe definitivamente uscita di collegio. Quel fiorellino avrebbe potuto aver ereditato qualcosa dalla madre, chi lo sa, la leggerezza, o altri lati del carattere che non voleva specificare. E sudava freddo.

«Signora, io tremo.»

Un pomeriggio di metà giugno arrivò entusiasta, addirittura euforico. Aveva avuto una splendida idea: volendo addolcire la pillola alla figlia, e cioè il solito soggiorno in Sicilia con relativa segregazione nella casa avita, aveva pensato di farle fare un viaggetto di una settimana lungo la costa tirrenica fino a Ventimiglia. Tutta la via Aurelia in macchina, una utilitaria avuta in pegno da un amico per certi soldi prestati.

«Signora, potrebbe darmi le sue due figliuole. Si sa, la gioventù vuol stare con la gioventù, il mio fiorellino ne sarà molto felice.» Si lasciò sfuggire che a Ventimiglia doveva incassare certi soldi e che avrebbe approfittato dell'occasione. La signora Consolo non aveva niente in contrario. La famiglia avrebbe fatto vacanza solo in agosto, anche qui il solito viaggio in Sicilia, per rivedere i vecchi genitori. Era chiaro che avrebbero contribuito alle spese:

on ausnutzend ausbeutete.

»Gewisse Frauen wollen es nicht anders«, bemerkte er mit Verachtung.

Die Tochter, jetzt fünfzehnjährig, brannte vor Verlangen das Internat zu verlassen. Der Vater holte sie in den beiden Monaten der Sommerferien ab und auch eine oder zwei Wochen zu den Weihnachtsfeiertagen.

»Die Verantwortung und das gefährliche Alter«, und er brachte sie nach Sizilien, in dasselbe Haus mitten auf dem Land, von wo Jahre zuvor die Mutter geflohen war. Hier, in Gesellschaft des alten Onkels, Misanthrop, auch er von unheilbarem Geiz befallen, zwang er sie die Ferien zu verbringen. Mit einem Wort, er fürchtete den Augenblick, da sie das Internat endgültig verlassen würde. Dieses Blümchen hätte etwas von ihrer Mutter geerbt haben können, wer weiß, die Flatterhaftigkeit oder andere Charakterzüge, die er nicht näher benennen wollte. Ihm kam der kalte Schweiß.

»Signora, ich erzittere.«

Eines nachmittags Mitte Juni kam er begeistert, nachgerade euphorisch an. Er hatte einen wunderbaren Einfall gehabt: da er der Tochter die bittere Pille versüßen wollte, das heißt den üblichen Aufenthalt in Sizilien mit dazugehöriger Abgeschiedenheit im ererbten Haus, hatte er daran gedacht eine kleine einwöchige Reise entlang der tyrrhenischen Küste bis nach Ventimiglia zu machen. Die ganze Via Aurelia im Auto, einen Gebrauchtwagen, den ihm ein Freund als Pfand für geliehenes Geld überlassen hatte.

»Signora, könnten Sie mir Ihre beiden Töchter mitgeben. Man weiß ja, die Jugend will unter sich bleiben, mein Blümchen wäre sehr glücklich darüber.« Ganz nebenbei ließ er noch durchklingen, dass er in Ventimiglia gewisse Geldsummen zu kassieren habe und dass er die Gelegenheit dazu nutzen würde. Frau Consolo hatte nichts dagegen. Die Familie würde erst im August Urlaub machen, wie üblich eine Reise nach Sizilien, um die alten Eltern wiederzusehen. Es

«Ma signora, queste sono cose da uo - mi - ni.»

Un diversivo anche per le due ragazze, curiose di conoscere il famoso fiorellino, che fra l'altro si chiamava Lidia, nome scelto dalla madre, quando lui avrebbe voluto battezzarla Filippa, per via del padre che aveva portato quel nome, „la cara memoria."

L'incontro avvenne in modo assai brusco: Lidia venuta insieme al padre per prendere le ragazze, non era voluta salire in casa dei Consolo, gente noiosa secondo lei, e non era neanche scesa dalla macchina per salutarle. Sembrava anzi contrariata dalla loro presenza, forse convinta di fare il viaggio sola col padre, o non informata per tempo.

Con un tono scostante e molto perentorio, appena le ragazze salirono dietro, passando dalla parte del guidatore, dato che lei non aveva voluto alzarsi, dichiarò subito:

«La macchina è mia per cui ho il diritto di sedermi davanti e di alzarmi quando voglio.» precludendosi in tal modo per tutta la settimana seguente le simpatie, forse l'amicizia delle due ragazze, rimaste di sasso.

Lidia benché non ancora quindicenne era così sviluppata da dimostrarne almeno diciotto. Alta, ben formata, anzi robusta, era una copia perfetta del padre: di un fiorellino neanche l'ombra. Inoltre aveva un suo modo assai sbrigativo di risolvere tutti i problemi che si presentavano, rivelando un'educazione di gruppo, cioè chi arriva prima vince o giù di lì. Sapeva usare i gomiti e se necessario anche i pizzicotti furtivi che lasciavano il segno, senza contare i calci sotto il tavolo! Le sorelle Consolo, due ragazzine minute, riservate, vissute in un ambiente assai chiuso, con una madre premurosa e iperprotettiva, passavano da uno sbalordimento all'altro. Sempre più confuse, disorientate, si sentivano prese

war klar, dass sie sich an den Spesen beteiligen würde.

»Aber Signora, das sind Män-ner-an-ge-le-gen-hei-ten.«

Eine Ablenkung für die beiden Mädchen, neugierig das berühmte Blümchen kennen zu lernen, das übrigens Lidia hieß, den Namen hatte die Mutter ausgewählt, während er sie gerne auf den Namen Filippa getauft hätte, weil der Vater Filippo geheißen hatte, „in liebevollem Angedenken".

Die Begegnung verlief ziemlich brüsk. Lidia, die mit ihrem Vater gekommen war die Mädchen abzuholen, hatte nicht in die Wohnung der Consolos hochkommen wollen, laut ihr, langweilige Leute, und sie war auch nicht aus dem Wagen gestiegen sie zu begrüßen. Sie schien im Gegenteil verärgert über ihre Anwesenheit, vielleicht überzeugt, die Fahrt mit ihrem Vater alleine zu unternehmen oder vielleicht nicht rechtzeitig davon unterrichtet.

Sowie die Mädchen auf der Fahrerseite zum Wagen kamen und hinten einstiegen, erklärte sie, die nicht hatte aussteigen wollen in abweisendem und endgültigem Ton:

»Das Auto ist meins, deshalb habe ich das Recht vorne zu sitzen und aufzustehen, wann ich will«, und verscherzte sich auf diese Weise für die ganze Woche die Sympathien und vielleicht die Freundschaft der beiden versteinert gebliebenen Mädchen.

Obwohl nicht einmal fünfzehn, war Lidia so entwickelt, dass man ihr mindesten achtzehn Jahre gegeben hätte. Groß, gut gebaut, sogar robust, war sie die perfekte Kopie des Vaters: von einem Blümchen nicht einmal die Spur. Außerdem hatte sie eine ziemlich schroffe Art alle Probleme zu lösen, die sich einstellten, eine Gruppenerziehung an den Tag legend, das heißt mehr oder weniger, wer zuerst kommt mahlt zuerst. Sie wusste die Ellenbogen einzusetzen und wenn nötig auch versteckte Kniffe, die Spuren hinterließen, ganz zu schweigen von den Fußtritten unterm Tisch! Die Consolo-Schwestern, zwei zierliche Mädchen, zurückhaltend, in behüteter Umgebung mit einer aufmerksamen und

in contropiede. Si trattava solo di piccolezze, di piccole scortesie, come per esempio occupare il posto migliore al ristorante per avere la vista sul mare, o scegliere la stanza da letto (il cavaliere ne prendeva due) più spaziosa, con una finestra meglio esposta, ecc. Lidia era sempre la prima a decidere, a dare ordini al padre, che non si accorgeva di niente, e accondiscendeva a ogni suo desiderio senza nessun riguardo per le due ospiti, che si sentivano sempre più a disagio. Le ragazze, decisamente amareggiate, pensavano già di interrompere quel viaggio e tornarsene a casa: avevano abbastanza soldi per comprare un biglietto del treno. Ma poi avevano deciso di non inquietare la madre.

Insopportabile poi il fatto che il cavaliere proibisse perentoriamente di fare il bagno al mare, per via della responsabilità! Inoltre appena arrivavano in un posto, le scaricava in una pensioncina assai modesta e spariva per certi suoi affari.

Lidia si prendeva gioco delle due ragazze deridendole per la loro timidezza, le loro buone maniere, il loro linguaggio misurato: proprio lei, educata e cresciuta in un convento le accusava di provincialismo e bigotteria. Inoltre, appena il padre si allontanava, lei prendeva il largo, cioè spariva per qualche ora e tornava poi con un codazzo di ragazzi di vario tipo che aveva attirato più o meno esplicitamente durante la passeggiata. Le due ragazze, imbarazzatissime, facevano finta di non conoscerla, provocando le reazioni incontrollate del fiorellino che si lasciava andare a scenate assai sgradevoli, insultandole con espressioni da trivio, spesso oscene. Ciò che sconcertava di più le sorelle era la violenza che si nascondeva dietro quelle parole, l'aggressività scoperta che

übermäßig besorgten Mutter aufgewachsen, schlitterten von einer Verblüffung in die nächste. Immer verwirrter, desorientierter, fühlten sie sich überrumpelt. Es handelte sich nur um Kleinigkeiten, kleine Unhöflichkeiten wie zum Beispiel den besten Platz mit Blick aufs Meer im Restaurant zu besetzen, oder das geräumigste Zimmer (der Cavaliere nahm deren zwei), mit dem besser gelegenen Fenster zu beanspruchen und so weiter. Lidia war immer die Erste beim Entscheiden, dem Vater Anweisungen zu erteilen, der nichts bemerkte und jedem ihrer Wünsche nachkam ohne Rücksicht auf die beiden Gäste, die sich immer unbehaglicher fühlten. Die Mädchen, ausgesprochen verbittert, dachten schon daran, diese Reise abzubrechen und nach Hause zu fahren: sie hatten genug Geld, um sich eine Zugfahrkarte kaufen zu können. Dann aber hatten sie beschlossen, die Mutter nicht damit zu beunruhigen.

Unerträglich war dann die Tatsache, dass der Cavaliere ausdrücklich das Baden im Meer verboten hatte, wegen der Verantwortung! Außerdem lud er sie, gerade an einem Ort angekommen, in einer bescheidenen Pension ab und verschwand wegen irgendwelcher Geschäfte.

Lidia nahm die beiden Mädchen auf den Arm, lachte sie wegen ihrer Schüchternheit, ihrer guten Manieren, ihrer zurückhaltenden Ausdrucksweise aus: gerade sie, in einem Kloster erzogen und aufgewachsen, bezichtigte sie des Provinzialismus' und der Bigotterie. Außerdem suchte sie, sowie ihr Vater wegging, das Weite, verschwand für einige Stunden und kehrte dann mit einem Rattenschwanz an Burschen der unterschiedlichsten Art heim, die sie während des Spaziergangs mehr oder weniger explizit aufgegabelt hatte. Die beiden Mädchen, äußerst verlegen, taten so, als würden sie sie nicht kennen und provozierten so die unkontrollierte Reaktion des Blümchens, das sich zu sehr unschönen Szenen hinreißen ließ und sie mit ordinären, häufig obszönen Ausdrücken beschimpfte. Was die beiden Schwestern am

voleva solo ferire, fare del male.

Ma anche in compagnia del padre, bastava che questi girasse la testa, perché l'innocente fanciullina abbassasse velocemente la spallina della camicetta per mostrare la spalla al primo giovanotto che passava! Voleva solo provocare le due sorelle ingenue e stupide? O era la smania di libertà che la faceva ribollire, dovendo stare chiusa per anni e anni in un collegio di suore?

Una volta sentirono quasi un tumulto sotto la finestra del bagno, dove la solita Lidia si era chiusa da un bel po' di tempo. Guardarono fuori, timorose, e scoprirono una decina di giovanotti fare gesti osceni, gridare, fischiare ridendo come pazzi: il fiorellino aveva deciso di fare lo spogliarello davanti alla finestra!

Pochi anni dopo, appena compiuti i diciotto anni, fuggì dall'internato in compagnia di un disgraziato, come lo definì il padre, un altro bellimbusto cacciatore di dote. Non diede notizie di sé per qualche settimana, fino a quando cioè non ebbe bisogno di denaro. Il cavaliere non aveva fatto intervenire la polizia per evitare lo scandalo, ma era corso dalla signora Consolo per sfogarsi, come era solito fare, aspettando forse un consiglio, un aiuto.

Ora i suoi monologhi iniziavano con la frase:

«Tale madre, tale figlia», cui seguiva un lungo silenzio. Poi come sua abitudine arrivava la piena della sua disperazione, con le solite espressioni melodrammatiche che purtroppo sminuivano la vera drammaticità della situazione. E tutto ricominciava daccapo, nonostante che la sua disperazione fosse autentica.

meisten bestürzte, war die Gewalt, die sich hinter diesen Worten verbarg, die offene Aggressivität, die nur verletzen, weh tun wollte.

Aber auch in Begleitung des Vaters genügte es, dass dieser wegschaute, damit das unschuldige Lämmchen den Träger der Bluse schnell nach unten rutschen ließ, um dem erstbesten Jungen, der gerade vorbeikam die nackte Schulter zu zeigen! Wollte sie nur die beiden naiven und dummen Mädchen provozieren? Oder war es das Verlangen nach Freiheit, das in ihr loderte, da sie über Jahre in einem Nonneninternat eingesperrt gewesen war?

Einmal hörten sie eine Art Aufruhr unter dem Badezimmerfenster, wo sich besagte Lidia seit einiger Zeit eingeschlossen hatte. Sie schauten ängstlich auf die Straße hinunter und sahen eine Gruppe von Jugendlichen, die obszöne Gesten machten, schrien, pfiffen und wie verrückt lachten: das Blümchen hatte beschlossen am Fenster einen Strip-tease vorzuführen!

Wenige Jahre später, gerade einmal achtzehn geworden, flüchtete sie in Begleitung eines Lumpen, wie ihn der Vater nannte, vom Internat, ein weiterer Geck und Mitgiftjäger. Für einige Wochen, solange sie kein Geld brauchte, ließ sie nichts von sich hören. Der Cavaliere hatte die Polizei nicht eingeschaltet, um einen Skandal zu vermeiden, war aber zu Frau Consolo geeilt, um Dampf abzulassen, wie er es ja üblicherweise machte, und vielleicht um Rat und Hilfe zu bekommen.

Jetzt begannen seine Monologe mit dem Satz:

»Wie die Mutter, so die Tochter«, worauf ein langes Schweigen folgte. Dann kam, wie bei ihm üblich, eine Woge der Verzweiflung, mit den üblichen melodramatischen Ausdrücken, die leider die wahre Dramatik der Situation schmälerten. Und alles begann von vorne, obwohl seine Verzweiflung authentisch war.

Èlis e l'orco

Otto ore di viaggio. Otto ore di caldo soffocante e freddo polare. A ogni sbalzo di temperatura seguivano le proteste dei passeggeri cui prontamente reagiva il personale ferroviario, a sua volta snervato, con un'alzata di spalle: l'aria condizionata non funziona... che ci possiamo fare?

Passata Bolzano, le due signore provenienti da Roma si rianimarono. Ormai il peggio è passato, pensarono, ancora mezz'ora e sarebbero arrivate a destinazione; ma sapendo che il treno nella loro stazioncina si sarebbe fermato per uno-due minuti al massimo, cominciarono ad agitarsi: come tirare giù le valigie? Una delle signore, la più minuscola delle due, si guardò in giro in cerca di aiuto. L'unico giovanotto seduto nello stesso scompartimento, dopo un momento di imbarazzo si alzò, con poco entusiasmo: incredibile il contrasto fra l'aspetto fragile della signora e le dimensioni dei suoi bagagli! E come non bastasse, sembrava contenessero sassi o piombo, tanto erano pesanti.

Sul marciapiede della stazione un uomo, incaricato dalla direzione dell'albergo dove da anni trascorrevano le loro vacanze, si avvicinò: aveva riconosciuto le signore e le relative valigie. Salì le scale del sottopassaggio imprecando fra i denti. E brontolava ancora mentre le caricava nel portabagagli.

Un signore di una certa età, alto, massiccio, un curioso cappelluccio di paglia in testa, si avvicinò. In mano portava

Elis und das Ungetüm

Acht Stunden Fahrt. Acht Stunden erstickende Hitze und arktische Kälte. Auf jede plötzliche Temperaturschwankung folgten die Proteste der Reisenden, worauf das Zugpersonal sofort, seinerseits genervt, mit einem Achselzucken reagierte: die Klimaanlage funktioniert nicht … was sollen wir machen?

Als der Zug den Bahnhof von Bozen verlassen hatte, fingen die beiden aus Rom kommenden Damen an, sich in Bewegung zu setzen. Das Ärgste lag jetzt hinter ihnen, dachten sie, noch eine halbe Stunde und sie wären angekommen; aber da sie wussten, dass der Zug an ihrem Bahnhof höchstens ein, zwei Minuten Aufenthalt haben würde, begannen sie schon sich Sorgen zu machen: wie sollten sie die Koffer herunterheben? Eine der Damen, die zierlichere der beiden, sah sich hilfesuchend um. Der einzige junge Mann, der im selben Abteil saß, stand nach einem Augenblick der Verlegenheit und wenig begeistert auf: unglaublich dieser Kontrast zwischen dem zerbrechlichen Aussehen der Dame und dem Ausmaß ihrer Koffer! Und als ob das nicht genügen würde, schienen sie Steine oder Blei zu beinhalten, so schwer waren sie.

Auf dem Bahnsteig näherte sich ihnen ein von der Direktion des Hotels, in dem sie schon seit Jahren ihren Urlaub verbrachten, beauftragter Mann; er hatte die Gäste und die dazugehörenden Koffer erkannt. Er stapfte zwischen den Zähnen fluchend die Treppe der Unterführung hinauf. Er murrte noch, als er die Koffer im Kofferraum des Autos verstaute.

Ein Mann, nicht mehr der Jüngste, massig, einen seltsamen Strohhut auf dem Kopf, kam näher. In der Hand hielt er

solo una leggerissima cartella e un giornale arrotolato. Confabulò un momento con l'autista. Questi, dopo aver lanciato un'occhiata in direzione delle due signore, come per dire „a quelle penso io," gli fece cenno di salire. Nel frattempo, ignare di tutto e senza nessuna fretta, le signore si erano sistemate sui sedili posteriori della macchina.

Il signore di una certa età si piegò in due, per quanto possibile, cercando di comprimere il corpo di impressionanti proporzioni sul sedile anteriore. Si sedette infine, grugnendo e sbuffando senza posa. Sembrava inquieto, incastrato com'era fra portiera cruscotto e sedile. Quasi non riusciva a tirare il fiato. Con tutto ciò continuò ad agitarsi. Con movimenti goffi si girava ora da una parte ora dall'altra, volendo forse scusarsi con le signore. Un tentativo però destinato a fallire, data la mole del busto e lo spazio assai limitato nel quale si trovava compresso. Infine rinunciò.

Dietro intanto si era fatto buio. Una montagna di carne, un ammasso di forma vagamente umana ostruì di colpo la vista.

Dopo un primo momento di sorpresa le signore videro un qualcosa di leggero svolazzare come una grossa farfalla da una parte all'altra del viso, o di quello che immaginavano essere il viso del loro compagno di viaggio: si trattava molto banalmente del cappelluccio di paglia che un'invisibile mano faceva volteggiare nell'aria, nel vano tentativo di procurarsi un po' di frescura. La camicia bianca, in più punti bagnata di sudore e sbottonata con eccessiva generosità, era di certo di misura extra large. Ciuffi di peli bianchi, arricciolati, spuntavano da sotto il colletto, in contrasto col collo roseo, più largo che lungo, del tutto privo di peluria. Tutta la persona trasudava calore quasi avesse accumulato il caldo di quella giornata nella carne, o meglio nel grasso che in buona

nur eine sehr dünne Mappe und eine zusammengerollte Zeitung. Er sprach kurz mit dem Fahrer. Dieser, nachdem er einen Blick in Richtung der beiden Damen geworfen hatte, gerade so, als wolle er sagen, „um diese beiden kümmere ich mich", gab ihm ein Zeichen, er solle einsteigen. In der Zwischenzeit hatten die beiden Damen nichtsahnend und ohne Eile auf dem Rücksitz des Autos Platz genommen.

Der Herr eines gewissen Alters machte sich so klein wie möglich, im Versuch seinen beeindruckend massigen Körper auf den Vordersitz zu zwängen. Schließlich saß er da, ununterbrochen grummelnd und prustend. Er schien unruhig, eingezwängt zwischen Autotür und Armaturenbrett. Er konnte kaum atmen, dabei fuhr er unentwegt fort sich zu bewegen. Mit ungelenken Bewegungen drehte er sich einmal auf die eine, einmal auf die andere Seite, vielleicht im Versuch, sich bei den Damen zu entschuldigen. Ein Versuch, der angesichts des Ausmaßes seines Oberkörpers und des beengten Raumes, in dem er sich eingepfercht fand, scheitern musste. Schließlich gab er auf.

Auf den Rücksitzen war es dunkel geworden. Ein Fleischberg von andeutungsweise menschlicher Form versperrte plötzlich die Sicht.

Nach einem Augenblick der Überraschung sahen die Damen etwas Leichtes wie einen großen Schmetterling von der einen Seite des Gesichts, oder dessen, was sie annahmen, dass es das Gesicht ihres Reisegenossen sein sollte, auf die andere Seite flattern: es handelte sich ganz einfach um den Strohhut, den eine unsichtbare Hand durch die Luft wirbelte, in dem vergeblichen Versuch, sich etwas Frische zu verschaffen. Das weiße, an mehreren Stellen schweißnasse und übertrieben großzügig aufgeknöpfte Hemd, war ganz gewiss eine Extragröße. Büschel weißer, gekräuselter Haare lugten aus dem Hemdkragen, ganz im Kontrast zum rosa Hals, breiter als lang, völlig frei von Flaum. Die ganze Person strahlte Wärme aus, gerade so, als habe sich die gesamte Hitze dieses Tages in ihrem Fleisch, oder besser gesagt in

parte rivestiva le sue ossa.

Una delle signore aprì subito la borsetta per cercare il suo fazzolettino profumato. Ma non fu quasi necessario, perché dopo qualche minuto, con indicibile sollievo di tutti, la macchina si fermò: l'albergo, la Croce d'oro, era a pochi minuti dalla stazione, nel bel mezzo della cittadina. I quattro sportelli vennero spalancati di slancio e le due viaggiatrici si precipitarono fuori, boccheggianti e mezzo asfissiate: l'interno della macchina si era infatti trasformato in un forno maleodorante e umido, saturo delle emanazioni corporali dell'inaspettato ospite.

Le signore provenienti da Roma, alquanto confuse per l'imprevista conclusione del viaggio (non osarono protestare alla reception) salirono nella loro stanza, accompagnate da un inserviente con le valigie. Avevano un solo desiderio: lavarsi, togliersi di dosso il caldo, il sudore di quella lunga giornata e dimenticare subito quell'ultimo spiacevole episodio. Una buona doccia ebbe il potere di rinfrescarle e di riconciliarle col mondo civile. Una dopo l'altra, infine, si distesero nei lettini tirolesi per riposare un'oretta prima di scendere per la cena.

La stanza era più o meno come ogni anno, spaziosa, un po' buia, con una piccola anticamera in cui era sistemato un armadio a muro. Un poggiolo di legno dava sul retro dell'albergo, un piccolo parco silenzioso e pieno di verde.

Una delle due signore si addormentò subito, come un sasso, russando leggermente; l'altra sonnecchiò fino a quando non sentì il fiato regolare della sorella. Elide, la maggiore (ma si notava appena la differenza d'età), si alzò e silenziosamente, con la meticolosità che le era propria, mise a posto le cento cianfrusaglie che riempivano le valigie, dividendo nei diversi scomparti i suoi indumenti da quelli della sorel-

ihrem Fett aufgestaut, das einen Gutteil seiner Knochen umgab.

Eine der beiden Damen öffnete sofort die Handtasche, um ein parfümiertes Taschentuch zu suchen. Aber es war fast nicht nötig, da nach einigen Minuten, zur unsagbaren Erleichterung aller, das Auto anhielt: der Gasthof, das Goldene Kreuz, war nur wenige Minuten vom Bahnhof entfernt, mitten im Städtchen gelegen. Die vier Autotüren wurden schwungvoll weit aufgestoßen, und die beiden Reisenden stürzten ins Freie, halb erstickt nach Luft schnappend; das Wageninnere hatte sich tatsächlich in einen stinkenden, feuchten, von den Körperausdünstungen des unerwarteten Gastes gesättigten Ofen verwandelt.

Die aus Rom angereisten, vom unerwarteten Ende der Reise ziemlich verwirrten Damen (sie wagten es nicht an der Rezeption zu protestieren), gingen von einem Angestellten mit den Koffern begleitet auf ihr Zimmer. Sie hatten nur einen Wunsch: sich waschen, die Hitze, den Schweiß dieses langen Tages los zu werden und die letzte, unangenehme Episode zu vergessen. Eine ausgiebige Dusche hatte die Kraft sie zu erfrischen und sie mit der zivilisierten Welt auszusöhnen. Eine nach der anderen legte sich schließlich auf die Tiroler Betten, um ein Stündchen auszuruhen, bevor sie zum Abendessen gehen würden.

Das Zimmer war mehr oder weniger wie jedes Jahr, geräumig, ein bisschen finster, mit einem kleinen Vorraum, in dem ein Wandschrank untergebracht war. Ein hölzerner Balkon ging auf die Rückseite des Gasthofes, ein kleiner, ruhiger Park voller Grünpflanzen.

Eine der beiden Damen schlief sofort wie ein Murmeltier ein und schnarchte leicht; die andere döste vor sich hin, bis sie den gleichmäßigen Atem der Schwester hörte. Elide, die ältere (aber man bemerkte den Altersunterschied kaum) stand leise auf und mit der ihr eigenen peniblen Genauigkeit brachte sie die hundert Kleinigkeiten, die ihre Koffer füllten, in Ordnung, verstaute ihre Wäsche von der der Schwester

la: non sopportava intrusioni di nessun genere.

Il resto della giornata si concluse fuori, sullo spiazzo davanti all'albergo, sedute a uno dei tavolini, sorseggiando il primo aperitivo.

Di solito non incontravano nessun ospite dell'anno precedente, anche perché, per natura riservate e piuttosto taciturne, a parte i saluti di convenienza, non stringevano facilmente rapporti di amicizia con chicchessia. Ora poi evitavano addirittura di guardarsi intorno nel timore di rivedere quello strano compagno di viaggio. Una delle due sorelle, la più intraprendente, sbirciò in giro, con la coda dell'occhio e un sopracciglio sollevato: niente, non c'era. Forse aveva deciso di trascorrere le ore prima di cena nella vasca da bagno, o forse era soltanto crollato nel letto, distrutto dal caldo e dal peso del proprio corpo.

Benché fino a quel momento non avessero scambiato una sola parola sull'episodio che aveva concluso il loro viaggio, sapevano che i loro pensieri giravano nella stessa direzione: se le avesse interpellate e avesse chiesto di sedere allo stesso tavolo, se si fosse permesso di fare il galante invitandole magari a bere qualcosa con lui... se... A un certo punto si guardarono in faccia e scoppiarono in una fragorosa risata.

«Bell'avventura» commentò alla fine Elide, asciugandosi gli occhi.

«Parli della 'grassa' avventura romantica che ci è piombata fra capo e collo?», chiese la sorella, tutta vibrante per l'improvviso scoppio di ilarità. Quel giorno in treno non aveva fatto altro che leggere e sonnecchiare, annoiata e infastidita dai frequenti sbalzi di temperatura e ancor più dal continuo viavai dei passeggeri. Ora quella risata la rinfrancò.

getrennt in den verschiedenen Schubladen. Sie ertrug kein wie immer geartetes Durcheinander.

Den Rest des Tages verbrachten sie draußen auf dem Platz vor dem Gasthof an einem Tischchen sitzend und den ersten Aperitif schlürfend.

Gewöhnlich begegneten sie keinem Gast vom Vorjahr, auch weil, von Natur aus reserviert und eher schweigsam – abgesehen von den üblichen Grußworten –, sie nicht leicht Freundschaften anknüpften, mit wem auch immer. Jetzt vermieden sie sogar sich umzusehen, aus Angst den seltsamen Reisegenossen wieder zu sehen. Eine der beiden Schwestern, die unternehmungslustigere, sah sich um, aus den Augenwinkeln heraus und mit hochgezogenen Augenbrauen: nichts, er war nicht da. Vielleicht hatte er beschlossen, die Stunden bis zum Abendessen in der Badewanne zu verbringen oder war ins Bett gefallen, von der Hitze und dem eigenen Körpergewicht vernichtet.

Obwohl sie bis zu diesem Moment nicht ein einziges Wort über den Vorfall verloren hatten, der ihre Reise abgeschlossen hatte, wussten sie, dass ihre Gedanken in dieselbe Richtung gingen: wenn er sie angesprochen und gefragt hätte, ob er sich an denselben Tisch setzen dürfe, wenn er sich erlauben sollte den Galan zu spielen und sie einladen würde etwas mit ihm zu trinken ... wenn ... An einem bestimmten Punkt sahen sie sich an und brachen in schallendes Gelächter aus.

»Ein schönes Abenteuer«, kommentierte am Ende Elide und wischte sich die Tränen aus den Augen.

»Sprichst du von dem 'fetten' romantischen Abenteuer, dass uns Hals über Kopf über die Füße gestolpert ist?«, fragte die Schwester, noch vibrierend von dem plötzlichen Heiterkeitsausbruch. An diesem Tag im Zug hatte sie nichts anderes getan als lesen und dösen, gelangweilt und von den häufigen Temperaturschwankungen und noch mehr von dem ständigen Kommen und Gehen der Fahrgäste genervt.

Delia quando rideva faceva voltare la gente; la sua era un'allegria contagiosa, prorompente che metteva gli altri di buon umore. Elide al contrario, per un accentuato senso di pudore, ma anche per una sorta di autodisciplina, soffocava ogni visibile forma di emozionalità, sia di gioia che di dolore: rideva sì, ma reprimeva la risata fin quasi a strozzarla.

Entrando nel ristorante dell'albergo non osarono guardarsi intorno. Si lasciarono accompagnare dal cameriere al tavolo previsto per loro, la faccia seria, gli occhi fissi sulla schiena dell'uomo che le precedeva, trattenendo a stento le risa. Si sedettero l'una di fronte all'altra mantenendo ancora un certo contegno. Per poco però, bastò infatti un semplice scambio di sguardi per provocare un nuovo scoppio di ilarità. Di colpo si sentirono due ragazzine in vacanza, come in altri tempi: quell'uomo sudato e maleodorante aveva agito come una coppa di champagne.

Leggere, libere dalle tensioni che si erano accumulate negli ultimi tempi – piccoli screzi insignificanti che tuttavia avevano turbato l'equilibrio della loro convivenza – si guardarono in faccia con gentilezza, con la complicità di due persone che si conoscono da sempre.

Finalmente Delia, fingendo una certa indifferenza, lanciò un'occhiata in giro: il loro compagno di viaggio non era presente. La sua mole era tale che sarebbe stato difficile non vederlo. Eppure era entrato insieme a loro nell'albergo e si era fermato alla reception; qui, senza una parola aveva ricevuto la chiave della sua stanza ed era sparito. Cioè, quel signore abitava lì già da qualche tempo, ecco perché era praticamente senza bagagli. Elide, senza guardare la sorella e continuando a mangiare chiese:

Jetzt munterte sie dieses Lachen wieder auf.
Wenn Delia lachte, drehten sich die Leute nach ihr um; ihre Fröhlichkeit war ansteckend, ungestüm und versetzte die anderen in gute Laune. Elide hingegen unterdrückte wegen eines ausgeprägten Schamgefühls, aber auch wegen einer Art Selbstdisziplin jede sichtbare Form der Gemütsäußerung, sei es der Freude wie des Schmerzes; ja, sie lachte schon, aber sie unterdrückte das Lachen derart, dass sie fast erstickte.

Als sie das Restaurant des Gasthofes betraten, wagten sie nicht, sich umzusehen. Sie ließen sich vom Kellner an den für sie reservierten Tisch begleiten, mit ernster Miene, die Augen starr auf den Rücken des ihnen vorausgehenden Mannes geheftet, sich mit Mühe das Lachen verkneifend. Sie setzten sich einander gegenüber, noch eine gewisse Haltung bewahrend. Aber nur kurz, denn es genügte ein kurzer Blickkontakt, um einen neuen Ausbruch von Heiterkeit zu provozieren. Urplötzlich fühlten sie sich wie zwei Mädchen im Urlaub, wie zu anderen Zeiten: dieser verschwitzte und übelriechende Mann wirkte auf sie wie ein Glas Champagner.

Leicht, frei von den in der letzten Zeit angehäuften Spannungen – kleine, unbedeutende Meinungsverschiedenheiten, die aber doch das Gleichgewicht ihres Zusammenlebens getrübt hatten – sahen sie sich freundlich an, mit der Komplizenhaftigkeit zweier Menschen, die sich seit jeher kennen.

Gleichgültigkeit vortäuschend, warf Delia endlich einen Blick in die Runde: ihr Reisegefährte war nicht anwesend. Sein Umfang war dergestalt, dass es schwierig gewesen wäre, ihn nicht zu sehen. Er hatte doch mit ihnen den Gasthof betreten und war an der Rezeption stehen geblieben; dort hatte er ohne ein Wort zu sagen den Schlüssel zu seinem Zimmer erhalten und war verschwunden. Das heißt, dieser Herr wohnte bereits seit einiger Zeit hier, deshalb also hatte er praktisch kein Gepäck bei sich gehabt. Ohne

«Stai pensando la stessa cosa che penso io?»

«E cioè?»

«Che quel tipo proveniva da Bolzano o da Trento, l'autista lo ha riconosciuto e lo ha fatto salire in macchina senza protestare: ecco spiegato il mistero.»

«Di che mistero stai parlando? Pensi di fare un'inchiesta?» E Delia alzando un solo sopracciglio in un suo modo abituale, scoppiò a ridere di nuovo, poi con una punta di ironia: «'Quel tipo' per caso ti interessa?» Elide scosse solo la testa, leggermente infastidita e non aggiunse altro. Adesso però lo cercò con gli occhi, con una certa insistenza. Pensò che non aveva l'aspetto di un italiano; magari era un tedesco, uno svedese. In ogni caso uno straniero. Uno del Nord, però.

Dopo cena si ritirarono nella loro stanza. Delia passò prima in bagno. Rientrò già pronta per la notte, si distese sul letto e accese il televisore, saltellando da una programma all'altro, come sua abitudine.

La sorella invece uscì subito sul balconcino per fumare una sigaretta. L'aria fresca, la luce diffusa del crepuscolo, il silenzio e non per ultimo l'ottima cena che si concludeva ora con una sigaretta, metteva fine a una lunga giornata piena di noia se non proprio faticosa.

Da tanto non si sentiva così bene, da circa un anno, rifletté, da quando cioè approfittando di una legge favorevole al pensionamento anticipato, aveva smesso di lavorare al Ministero. Dopo quasi trent'anni, per essere precisi ventotto. Ora, a cinquantadue anni, si ritrovava di colpo con una infinità di tempo a disposizione.

Fece il conto: dall'età di sei anni era stata ininterrotta-

die Schwester anzublicken und weiteressend fragte Elide:

»Denkst du dasselbe wie ich?«

»Das wäre?«

»Dass der Mann aus Bozen oder Trient kam, der Chauffeur hat ihn erkannt und hat ihn ohne weiteres einsteigen lassen; damit wäre das Rätsel gelöst.«

»Von welchem Rätsel sprichst du? Denkst du daran Nachforschungen anzustellen?« Und Delia zog auf ihre typische Art eine Augenbraue hoch, nur eine, brach erneut in Gelächter aus und sagte mit einer Spur Ironie in der Stimme: »Interessiert dich der Mann etwa?« Elide schüttelte nur den Kopf, leicht verärgert und sagte nichts weiter. Jetzt aber suchten ihn ihre Augen mit einer gewissen Beharrlichkeit. Sie dachte, dass er nicht das Aussehen eines Italieners habe; vielleicht war er Deutscher oder Schwede. Auf jeden Fall Ausländer. Aber einer aus dem Norden.

Nach dem Abendessen zogen sie sich auf ihr Zimmer zurück. Delia ging zuerst ins Bad. Für die Nacht zurechtgemacht kam sie heraus, legte sich aufs Bett und schaltete den Fernseher ein, von einem Sender zum nächsten springend, wie es ihre Gewohnheit war.

Die Schwester hingegen ging gleich auf den kleinen Balkon, um eine Zigarette zu rauchen. Die frische Luft, das diffuse Licht der Abenddämmerung, die Stille und nicht zuletzt das vorzügliche Abendessen, das jetzt mit einer Zigarette endete, beschlossen einen langen Tag voller Langeweile, wenn nicht gar der Anstrengungen.

Seit langem fühlte sie sich nicht wirklich wohl, seit ungefähr einem Jahr, überlegte sie, das heißt, seit sie ein Gesetz nützend, das die vorzeitige Pensionierung begünstigte, aufgehört hatte im Ministerium zu arbeiten. Nach beinahe dreißig Jahren, um genau zu sein achtundzwanzig. Jetzt, mit zweiundfünfzig Jahren hatte sie plötzlich unendlich viel Zeit zur Verfügung.

Sie rechnete nach: seit sie sechs Jahre alt war, war sie un-

mente occupata, prima a scuola, poi all'università e subito dopo al Ministero: un lavoro 'di concetto' procuratole dal padre, lui stesso funzionario con mansioni direttive.

Senza nessuna interruzione, appena conseguita la laurea, era passata dalle aule universitarie in una stanzaccia del Ministero, dietro una vecchia scrivania sulla quale a velocità sorprendente si erano subito ammucchiati fascicoli su fascicoli, incartamenti inevasi, ingialliti dal tempo, provenienti da chissà quali scaffali polverosi, se non da altre scrivanie. Ricordò lo smarrimento dei primi giorni, le frecciatine dei colleghi a proposito di raccomandazioni per direttissima, cui non aveva saputo reagire, i dispettucci, la montagna di documenti che cresceva sempre invece di diminuire, le piccole miserie quotidiane. Il padre, il dottor Consolo, l'aveva poi trasferita in un altro dipartimento. Una piccola stanza tutta per sé: anche qui una vecchia scrivania, cartacce, polvere... così per tutti gli anni seguenti.

Ogni tanto un passaggio di stanza.

Le stanze si facevano sempre più spaziose e le scrivanie meno vecchie. Stranamente più saliva di grado, meno cartacce giacevano sulla sua scrivania.

Aveva smesso di lavorare, anche lei funzionaria, senza mansioni direttive, forse perché una delle poche donne in un Ministero dominato quasi esclusivamente da uomini, con un ottimo stipendio e ora una buona pensione.

Dopo un primo momento di euforia, piano piano vide come le sue giornate si allungavano inesorabilmente: il tempo, il vuoto, l'inattività la opprimevano. Per anni si era cullata nell'illusione di immensi spazi liberi, di avventure o addirittura passioni che avrebbero coinvolto la sua esistenza, se soltanto ne avesse avuto il tempo!

unterbrochen beschäftigt gewesen, zuerst in der Schule, dann auf der Universität und gleich darauf im Ministerium: eine gehobene Laufbahn, die ihr der Vater, seinerseits Beamter in leitender Position, besorgt hatte.

Ohne Unterbrechung war sie gleich nach der Promotion von den Vorlesungssälen der Universität in ein hässliches Zimmer des Ministeriums gewechselt, hinter einen alten Schreibtisch, auf dem sich mit überraschender Geschwindigkeit sofort die Akten häuften, von der Zeit vergilbte, unbearbeitete Aktenbündel aus, wer weiß welch staubigen Regalen, wenn nicht gar von anderen Schreibtischen stammend. Sie erinnerte sich an die Verwirrung der ersten Tage, die Sticheleien der Kollegen bezüglich ihrer plötzlichen Anstellung, auf die sie nicht zu reagieren gewusst hatte, die kleinen Kränkungen, die Berge von Unterlagen, die ständig wuchsen anstatt kleiner zu werden, die kleinen alltäglichen Niederträchtigkeiten. Der Vater, der Dottore Consolo, hatte sie dann in eine andere Abteilung versetzt. Ein kleines Zimmer ganz für sie alleine: auch hier ein alter Schreibtisch, Makulatur, Staub ... all die folgenden Jahre.

Ab und zu der Umzug in ein anderes Zimmer.

Die Zimmer wurden immer geräumiger und die Schreibtische weniger alt. Seltsamerweise wurden die Akten, die auf ihrem Schreibtisch landeten immer weniger, je höher sie auf der Karriereleiter kletterte.

Sie hatte Ihre Laufbahn als Beamtin aber ohne leitende Befugnisse, beendet, vielleicht, weil sie eine der wenigen Frauen in dem beinahe ausschließlich von Männern beherrschten Ministerium war. Sie hatte ein vorzügliches Gehalt und jetzt eine großzügige Rente.

Nach einem ersten Moment der Euphorie bemerkte sie, wie ihre Tage sich langsam in die Länge zogen: die Zeit, die Leere, die Untätigkeit bedrückten sie. Jahrelang hatte sie sich mit der Illusion unendlicher Freiräume, Abenteuer oder gar Leidenschaften vertröstet, die ihre Existenz bestimmt hätten, hätte sie nur Zeit dafür gehabt!

Fra una boccata di fumo e l'altra rimuginava sull'inutilità di quella vacanza: riposarsi... e di che cosa? Prima, per coltivare una vera amicizia le era mancato il tempo necessario. Relazioni di altro tipo, meglio non pensarci. L'unica persona cui era legata da sentimenti profondi era giusto la sorella Delia con la quale da anni, dalla scomparsa dei genitori, non aveva più un colloquio, uno scambio di idee. Già da tempo le sembrava di muoversi su una superficie scivolosa, anzi di naufragare, giorno dopo giorno, senza riuscire ad avvistare la riva. Quale riva? Si chiese. Dove sto andando? Ora si ritrovava con un pugno di mosche in mano: ecco cos'era la sua vita, un pugno di mosche! Gli anni trascorsi erano stati inghiottiti prima dalla scuola e poi dal Ministero, e ora?

Improvvisamente vide un'ombra solitaria, giù, nel parco, una massa scura seduta a un tavolino. Lo riconobbe subito. Chissà perché si agitò, anzi ebbe un colpo allo stomaco. Di lui riconobbe solo la massa: nella semioscurità non avrebbe potuto distinguere altro – del resto lo aveva visto solo di dietro – ma lo fissò tutto il tempo e si ritirò solo quando la sorella la chiamò per dirle che era ora di chiudere la portafinestra altrimenti ci sarebbe stato il solito assalto di zanzare.

L'uomo era rimasto tutto il tempo seduto, immobile, a godersi il fresco della sera.

«Domani mattina dobbiamo comprare qualcosa per le zanzare» disse Delia, già a letto, spegnendo il televisore e la piccola lampada sul comodino accanto al letto.

Elide non rispose, il pensiero fisso su quella figura solitaria.

Zwischen dem einen und dem anderen Zug aus der Zigarette, grübelte sie über die Nutzlosigkeit dieser Ferien nach: sich ausruhen ... wovon denn? Früher hatte ihr die nötige Zeit dazu gefehlt, um eine wahre Freundschaft zu pflegen. An Beziehungen der anderen Art dachte sie lieber nicht. Der einzige Mensch, dem sie in tiefen Gefühlen verbunden war, war eben ihre Schwester Delia, mit der sie aber seit Jahren, seit dem Tod der Eltern kein Gespräch, keinen Meinungsaustausch mehr gehabt hatte. Seit geraumer Zeit schien ihr, als bewege sie sich auf einer glitschigen Oberfläche, beziehungsweise, als könnte sie Tag für Tag Schiffbruch erleiden, ohne das Ufer zu Gesicht bekommen zu haben. Was für ein Ufer, fragte sie sich. Wohin bin ich unterwegs? Jetzt fand sie sich mit einer Hand voll Nichts wieder, genau das war ihr Leben, eine Hand voll Nichts! Die verflossenen Jahre waren erst von der Schule und dann vom Ministerium verschluckt worden, und nun?

Plötzlich sah sie einen einsamen Schatten unten im Park, eine dunkle Masse, eine am Tisch sitzende Gestalt. Sie erkannte ihn sofort. Wer weiß, warum sie sich beunruhigte, sogar einen Schlag in den Magen fühlte. Von ihm erkannte sie nur die Masse: im Halbdunkel hätte sie nichts anderes erkennen können – außerdem hatte sie ihn nur von hinten gesehen –, aber sie fixierte ihn die ganze Zeit und ging erst zurück ins Zimmer, als die Schwester sie rief, um ihr zu sagen, dass es an der Zeit sei, die Balkontür zu schließen, da es sonst die übliche Attacke der Mücken geben würde.

Der Mann war die ganze Zeit unbeweglich sitzen geblieben, die Frische des Abends genießend.

»Morgen Früh müssen wir etwas gegen die Mücken kaufen«, sagte Delia, die schon im Bett lag und den Fernseher und die kleine Lampe auf dem Nachtkästchen neben dem Bett ausmachte.

Elide antwortete nicht, mit dem Gedanken noch fest bei dieser einsamen Gestalt.

La mattina, a colazione, entrando nella sala da pranzo lo cercò con gli occhi. I tavoli erano quasi tutti occupati. Niente. O aveva già fatto colazione o sarebbe venuto più tardi. Mangiando continuò inavvertitamente a fissare la porta. Non entrò. Lo avrebbe visto subito. Si inquietò senza sapere perché. Si alzò piuttosto contrariata: non aveva scambiato una sola parola con la sorella abituata ormai ai suoi mutismi e ai suoi salti di umore.

Delia notò il suo disappunto e alzandosi non poté non commentare, con la solita punta di ironia:

«Sta facendo la dieta», e non aggiunse altro.

Uscirono. Delia senza neanche voltarsi per vedere se la sorella la seguiva, attraversò la strada e si infilò in uno dei tanti sottopassaggi che immettevano direttamente nei Portici; da lì, sempre con decisione, si diresse verso una drogheria che, sapeva, vendeva ciò che cercava. Ci andavano ogni anno.

Nonostante la massa di turisti che affollava le stradine, i negozi, le piazzette, Bressanone continuava a conservare un fascino tutto particolare. Gli ultimi settant'anni di appartenenza italiana non erano riusciti a scalfire quella patina originaria, tipicamente tirolese, di vecchia sede vescovile che la caratterizzava ancora adesso. Conoscevano ogni casa, ogni viuzza, ogni angolo appartato. Tutte le volte che tornavano osservavano il progresso delle opere di restauro della facciata dei palazzotti quattrocenteschi, degli affreschi del chiostro, della piazza del Duomo.

Elide l'aveva seguita, un po' trasognata, quasi senza rendersene conto. „A quale dieta si riferisce?"

Dopo aver comprato uno spray per le zanzare uscirono per la solita passeggiata un po' fuori città. Elide protestò come ogni anno di non voler camminare troppo, almeno il primo giorno. La sorella si girò un momento a guardarla, per

Am Morgen, beim Frühstück, suchte sie ihn mit ihren Blicken, als sie den Speisesaal betrat. Die Tische waren fast alle besetzt. Nichts. Entweder er hatte schon gefrühstückt oder er würde später kommen. Beim Essen beobachtete sie unabsichtlich die Tür. Er kam nicht. Sie hätte ihn sofort gesehen. Sie wurde unruhig, ohne zu wissen, warum. Sie stand ziemlich verdrossen auf: sie hatte kein einziges Wort mit ihrer mittlerweile an ihr Schweigen und ihre Stimmungsschwankungen gewohnte Schwester gewechselt.

Delia bemerkte ihre Enttäuschung und als sie aufstand, konnte sie sich einen Kommentar mit der üblichen ironischen Spitze nicht verkneifen.

»Er macht wohl eine Diät«, und fügte nichts weiter hinzu.

Sie gingen hinaus. Delia, ohne sich umzusehen, ob ihr die Schwester folgte, überquerte die Straße und nahm einen der vielen Durchgänge, die direkt zu den Lauben führten; von dort aus steuerte sie zielstrebig eine Drogerie an, von der sie wusste, dass sie verkaufte, wonach sie suchte. Sie besuchte sie jedes Jahr.

Trotz der Menge an Touristen, die die Straßen, Geschäfte, die Plätze bevölkerten, Brixen bewahrte sich weiterhin seinen besonderen Reiz. Die siebzig Jahre Zugehörigkeit zu Italien haben nicht vermocht, die ursprüngliche, typisch tirolerische Patina des alten Bischofssitzes anzugreifen, die sie immer noch charakterisierte. Sie kannten jedes Haus, jede Gasse, jeden abgelegenen Winkel. Jedes Mal, wenn sie wiederkamen, betrachteten sie den Fortschritt der Restaurierungsarbeiten an den Fassaden der mittelalterlichen Häuser, an den Fresken des Kreuzganges, am Domplatz.

Elide war ihr ein wenig verträumt gefolgt, beinahe ohne sich dessen bewusst zu sein. „Auf welche Diät bezieht sie sich?"

Nachdem sie einen Mückenspray gekauft hatten, machten sie sich zum üblichen Spaziergang etwas außerhalb der Stadt auf. Elide beschwerte sich wie jedes Jahr, dass sie nicht zu weit laufen wolle, zumindest nicht am ersten Tag.

subito proseguire senza tener conto delle sue proteste. Camminavano sempre a una certa distanza, Delia davanti sempre impaziente, svelta, scattante, Elide con la testa fra le nuvole, lenta, misurata. La distanza fra di loro non permetteva nessun dialogo. Del resto parlavano poco, quasi si fossero già dette tutto il necessario, o non avessero più voglia di scambiarsi una parola, un pensiero, forse sentendone tutta l'inutilità. Almeno su un punto erano pienamente d'accordo: l'inutilità di ogni discussione.

Di piccola statura, piuttosto magre, anzi asciutte, i capelli corti color sale e pepe, avevano gli stessi lineamenti minuti, lo stesso modo di alzare le sopracciglia interrogativamente, la stessa mimica tipicamente meridionale. Ma anche la gestualità, il modo di camminare, il portamento della persona, l'espressione del viso seria, contegnosa. Elide vestiva sempre con accurata eleganza, mentre Delia disdegnava ogni moda, ogni classicità. Delle due in lei c'era sempre qualcosa di provvisorio, di stravagante, di eccentrico. La voce era diversa, non la cadenza o il vezzo di intercalare qua e là qualche parola in dialetto siciliano, benché vivessero da oltre quarant'anni a Roma.

Dopo una decina di minuti Delia si fermò con la vaga sensazione di camminare da sola. La sorella non era più dietro di lei. 'Che fine ha fatto?' pensò subito inquieta e tornò indietro rifacendo la stessa strada di prima: Elide era seduta a un bar, un bar dove non andavano mai per chissà quale partito preso. Senza una parola si sedette di fronte a lei.

«Hai intenzione di fare sciopero?» Disse infine, senza neanche guardarla.

Elide fumava in silenzio, assorta, sprofondata in qualcosa che occupava la sua mente. Se ne stava seduta, concentrata,

Die Schwester drehte sich einen Augenblick um, um sie anzusehen und um dann gleich weiterzugehen, ohne die Proteste zur Kenntnis zu nehmen. Sie gingen immer mit einem gewissen Abstand zueinander, Delia voran, immer ungeduldig, eilig, spritzig, Elide mit den Gedanken in den Wolken, immer langsam, bedächtig. Der Abstand zwischen ihnen erlaubte kein Gespräch. Im Übrigen sprachen sie wenig, beinahe so, als hätten sie bereits alles Notwendige gesagt oder als hätten sie keine Lust mehr ein Wort, einen Gedanken auszutauschen, vielleicht deren ganze Nutzlosigkeit spürend. Zumindest in einem Punkt waren sie sich völlig einig: eben diese Nutzlosigkeit jeder Diskussion.

Klein von Statur, ziemlich mager beziehungsweise dürr, kurze grau-schwarze Haare, hatten sie dieselben feinen Gesichtszüge, die gleiche Art die Augenbrauen fragend hochzuziehen, dieselbe typisch südländische Mimik. Aber auch die Gestik, der Gang, die Haltung, der ernste, zurückhaltende Gesichtsausdruck. Elide kleidete sich immer mit gepflegter Eleganz, während Delia jede Mode, alles Klassische ablehnte. Von den beiden war in ihr immer etwas Provisorisches, Extravagantes, Exzentrisches. Die Stimmen waren verschieden, nicht aber der Tonfall oder die Gewohnheit immer einige Worte im sizilianischen Dialekt einzustreuen, obwohl sie seit über vierzig Jahren in Rom lebten.

Nach ungefähr zehn Minuten blieb Delia mit dem unbestimmten Gefühl stehen, sie sei alleine. Ihre Schwester war nicht mehr hinter ihr. „Wo mag sie geblieben sein?“, dachte sie sofort beunruhigt und ging auf demselben Weg zurück. Elide saß vor einer Bar, eine Bar, in die sie sonst wegen irgendeines Vorurteils nie gingen. Ohne ein Wort setze sie sich ihr gegenüber hin.

»Hast du im Sinn zu streiken?«, fragte sie schließlich ohne sie anzusehen.

Elide rauchte schweigend, versunken, in etwas vertieft, das ihre Gedanken besetzt hielt. Sie saß da, konzentriert, in

in attesa di acciuffare un frammento di intuizione che sembrava essere sul punto di manifestarsi: sentiva che ancora era fermo in quella zona del cervello dove nascono i pensieri. Ora stava per svilupparsi, prendere forma. E sapeva che si trattava giusto di 'quel' pensiero che inseguiva già da tempo.

Si girò solo un pochino verso la sorella e la fissò, senza espressione. Delia vide due occhi azzurri, limpidi, trasparenti, di una ingenuità disarmante. Gli occhi di Elide bambina.

«Elide, sveglia. Che ti sta succedendo? Credo proprio che il cambiamento d'aria ti abbia sconvolto il cervello.» Elide la guardò, vedendola finalmente, e sentì che quel 'qualcosa' era stato proprio lì lì per chiarirsi, per definirsi, e adesso... niente. Scivolato via.

«Cosa vuoi? Perché sei tornata? Per colpa tua mi è sfuggito e non so se riuscirò a ritrovarlo.»

«Di chi stai parlando? Hai visto 'quel tipo'?» Elide continuò a fissarla senza capire, ancora dietro a quel filo che si faceva sempre più sottile, impalpabile come il filo di una ragnatela.

«Mi disturbi. Mi hai fatto perdere il filo di un pensiero. Mi sembrava di essere sul punto di afferrarlo. Anzi era qui, quasi davanti a me, sul punto di chiarirsi. Se non fossi venuta tu adesso saprei tutto.» Abbassò la testa scoraggiata, quasi si fosse trattato di risolvere il 'problema' esistenziale, la 'chiave' che avrebbe chiarito tutti i problemi della sua vita.

«Non ti capisco. Di che filo stai parlando? Da quando hai smesso di lavorare sei cambiata. Ti stai avviando verso la classica depressione postlavorativa: si dice che la maggior parte dei pensionati nel giro dei primi due anni o ci fanno l'infarto, di solito letale, diciamo definitivo, o la depressione. Tutto sta a superare i primi due anni; uno è già quasi passa-

Erwartung ein Fragment der Intuition zu erhaschen, das gerade dabei war sich ihr zu offenbaren: sie spürte, dass sie sich noch in jener Zone des Gehirns befand, in der die Gedanken geboren werden. Jetzt waren sie dabei sich zu entwickeln, Gestalt anzunehmen. Und sie wusste, dass es sich genau um 'jenen' Gedanken handelte, dem sie schon seit langer Zeit nachhing.

Sie wandte sich ein wenig ihrer Schwester zu und starrte sie ausdruckslos an. Delia sah zwei blaue, klare, transparente Augen von entwaffnender Einfalt. Die Augen Elides als Kind.

»Elide, aufwachen. Was ist los mit dir? Ich glaube, dass dir der Luftwechsel das Gehirn vernebelt hat.« Elide schaute sie an, sah sie auch und spürte, dass dieses 'Etwas' gerade im Begriff war sich zu klären, zu definieren, und nun ... nichts. Es war wieder weg.

»Was willst du? Warum bist du zurückgekommen? Wegen dir ist es mir entwischt und ich weiß nicht, ob ich es wiederzufinden vermag.«

»Wovon redest? Hast du den Typ gesehen?« Elide fuhr fort sie anzustarren ohne zu verstehen, immer noch dem Faden folgend, der immer dünner wurde, hauchdünn wie der Faden eines Spinnennetzes.

»Du störst mich. Deinetwegen habe ich den Faden verlorenen. Mir war gerade, als könnte ich den Gedanken erhaschen. Er war hier, beinahe vor mir, dabei sich zu offenbaren. Wenn du nicht gekommen wärst, wüsste ich jetzt alles.« Sie senkte entmutigt den Kopf, beinahe als wäre es darum gegangen, 'das' existentielle Problem zu lösen, den Schlüssel zur Klärung aller Probleme ihres Lebens zu finden.

»Ich verstehe dich nicht. Von welchem Faden sprichst du? Seit du aufgehört hast zu arbeiten, hast du dich verändert. Du bist auf dem Weg in die klassische Rentnerdepression; es heißt, dass der Großteil der Rentner innerhalb der ersten beiden Jahre entweder einen für gewöhnlich tödlichen, sagen wir endgültigen, Infarkt erleidet oder depressiv

to, il traguardo è vicino. Datti una mossa, un po' di buona volontà, diamine!»

Elide aveva ascoltato e non ascoltato. Delia non era mai stata diplomatica, la conosceva. In altri tempi, quando ancora scoppiavano litigi violenti, brevi, ma non per questo meno tempestosi, in cui si condensava una forte aggressività repressa da un'educazione severa, in quei tempi Elide aveva definito la lingua di Delia 'biforcuta'. Un limite oltre il quale non sarebbe mai andata: lei misurava sempre le parole, anche nei momenti di massima irritazione.

Da anni ormai avevano smesso di litigare. Non aveva senso, avevano concluso una volta, e i malumori, i contrasti che immancabilmente sorgevano, preferivano risolverli separandosi per qualche tempo: per questo motivo Delia partiva per la Francia, restandoci anche qualche mese, con la scusa di cercare nuove ispirazioni per la sua pittura.

D'estate però trascorrevano le ferie insieme. Una vecchia abitudine risalente agli anni scolastici, quando venivano spedite al mare o in montagna in compagnia della nonna.

Delia aveva notato l'apatia, la noia che paralizzava la sorella per giornate intere. Si perdeva in un nulla fatto di piccole azioni inutili; mattinate di corse da un negozio all'altro senza comprare niente, anche perché non sapeva cosa voleva; ore trascorse a girare per quartieri, che diceva di voler conoscere; giri turistici attraverso la città che servivano solo ad ingannare il tempo. Tornava stanca, delusa. Avvilita.

Più di una volta Delia l'aveva incoraggiata, brusca come sempre:

wird. Es geht nur darum, die ersten beiden Jahre zu überwinden; eines ist beinahe vorüber, das Ziel ist nahe. Reiß dich zusammen, ein bisschen guten Willen, zum Henker.«

Elide hatte zugehört und auch nicht. Delia ist noch nie diplomatisch gewesen, sie kannte sie. Zu anderen Zeiten, als zwischen ihnen noch heftige, kurze, aber deshalb nicht minder stürmische Auseinandersetzungen stattgefunden hatten, in denen sich eine Aggressivität, lange von einer strengen Erziehung unterdrückt, verdichtet hatte, zu jenen Zeiten hatte Elide die Sprache Delias als „gespaltene Zunge" bezeichnet. Eine Grenze, die sie selbst nie überschritten hätte; sie wog immer die Worte ab, auch in Augenblicken höchster Irritation.

Seit Jahren hatten sie aufgehört zu streiten. Es hatte keinen Sinn, hatten sie einmal beschlossen, und die Verstimmungen, die Gegensätze, die unausweichlich auftraten, zogen sie vor zu lösen, indem sie sich für einen bestimmten Zeitraum trennten. Aus diesem Grund war Delia nach Frankreich gegangen, wo sie einige Monate mit der Ausrede geblieben war, neue Eingebungen für die Malerei zu suchen.

Im Sommer verbrachten sie die Ferien gemeinsam. Eine alte Gewohnheit, die in die Jahre der Schulzeit zurückreichte, als man sie in Begleitung der Großmutter ans Meer oder in die Berge schickte.

Delia war die Apathie, die Langeweile, die die Schwester tagelang lähmte aufgefallen. Sie verlor sich in einem Nichts aus kleinen, unnützen Tätigkeiten; ganze Vormittage brachte sie damit zu, von einem Geschäft ins nächste zu laufen, ohne etwas zu kaufen, weil sie selbst nicht wusste, was sie wollte; stundenlanges Durchlaufen fremder Stadtviertel, die sie sagte kennenlernen zu wollen; touristische Rundgänge durch die Stadt, die nur dazu dienten, die Zeit totzuschlagen. Müde und enttäuscht kam sie nach Hause. Entmutigt.

Mehr als einmal hatte ihr Delia brüsk wie immer Mut gemacht:

„Inventati un'attività. Non star lì con le mani in mano. Datti da fare." Ma Elide non sapeva 'inventare' niente, non sapeva darsi da fare. Per la prima volta nella sua vita si rendeva conto di non saper fare niente.

La sua vita, fino a quel momento, aveva avuto un ritmo prestabilito, tutto era accaduto senza che lei avesse mai avuto la necessità di prendere decisioni, di fare scelte, di inventarsi qualcosa, di saper fare qualcosa di particolare.

L'odiato lavoro, scopriva adesso con stupore, aveva riempito un buco esistenziale: il lavoro in funzione di tappabuchi.

E la sua vita?

Certo, la madre ripeteva sempre che la „vita è una valle di lacrime" – odiava questa frase che forse aveva avuto un senso per la madre, ma non per lei. Per lei non c'erano state lacrime, né grandi difficoltà da superare. E la morte se ne sta lì, in attesa, appena svoltato l'angolo. La morte intesa come liberazione e unica fonte di beatitudine eterna: questa l'opinione della madre.

Ora aveva preso a riflettere sugli insegnamenti ricevuti a proposito della vita e della morte, ma non riusciva a credere che rivedere la madre e perché no, anche il padre, potesse effettivamente essere l'unica fonte di beatitudine eterna. Forse un po' di consolazione sì, ma beatitudine... Magari si trattava della visione di Dio: forse era questo cui alludeva la madre.

Ma non ne era poi tanto sicura. Non è dato a tutti avvertire la presenza divina.

I genitori sì, quelli avrebbe potuto vederli. Chissà poi come. Non riusciva ad immaginare il mondo dell'aldilà, lei che aveva già grandi difficoltà ad immaginarsi l'aldiquà.

„Lass dir irgend eine Beschäftigung einfallen. Leg doch nicht einfach die Hände in den Schoß. Mach was." Aber Elide war außerstande sich etwas 'einfallen' zu lassen, sie war nicht im Stande, sich zusammenzureißen. Das erste Mal in ihrem Leben wurde ihr bewusst, dass sie zu nichts fähig war.

Bis zu jenem Moment hatte ihr Leben einen vorbestimmten Ablauf gehabt, alles geschah, ohne dass sie es notwendig gehabt hätte Entscheidungen, eine Wahl zu treffen, sich etwas einfallen zu lassen, zu etwas Besonderem fähig zu sein.

Jetzt entdeckte sie mit Erstaunen, dass die verhasste Arbeit ein existentielles Loch gefüllt hatte: die Arbeit als Lückenfüller.

Und ihr Leben?

Gewiss, die Mutter wiederholte immer wieder, dass „das Leben ein Jammertal ist" – sie hasste diesen Satz, der vielleicht für die Mutter einen Sinn gehabt haben mag, aber nicht für sie; für sie hat es keinen Jammer gegeben, auch keine großen, zu bewältigenden Schwierigkeiten – und der Tod harrt aus, wartet dort um die Ecke. Der Tod verstanden als Befreiung und einzige Quelle ewiger Glückseligkeit: das war die Auffassung der Mutter.

Jetzt hatte sie begonnen über die erhaltenen Unterweisungen bezüglich des Lebens und des Todes nachzudenken, aber sie war nicht im Stande zu glauben, dass das Wiedersehen mit der Mutter, und warum denn nicht, auch mit dem Vater, wirklich die einzige Quelle unendlicher Glückseligkeit sein konnte. Vielleicht ein wenig Trost ja, aber Glückseligkeit ... Vielleicht handelte es sich um die Vision Gottes: vielleicht war es das, worauf die Mutter anspielte.

Aber sie war sich dessen dann nicht sicher. Es ist nicht allen gegeben, die göttliche Anwesenheit wahrzunehmen.

Die Eltern ja, die hätte sie dort sehen können. Wer weiß dann aber wie. Sie konnte sich die jenseitige Welt nicht vorstellen, sie, die bereits große Schwierigkeiten hatte, sich das

No. Non poteva essere solo questa la ricompensa dopo la famosa valle di lacrime. Ci doveva essere dell'altro. Ne era convinta.

Se la vita è solo un percorso a senso unico, rifletteva, e il punto di arrivo è sempre lo stesso, cioè la morte, dopo, dall'altra parte 'deve' esserci qualche altra cosa. Altrimenti perché tutto questo affannarsi?

La beatitudine eterna... e tornava al punto di partenza.

Di questo parlano tutte le religioni, continuava a riflettere, un concetto umano, pensato o meglio inventato dall'uomo per superare la paura della morte, del definitivo distacco dalla vita reale. La morte è quanto di più umano ci possa essere, non c'è stato bisogno di inventarla né di pensarla: morendo però si perde la coscienza della vita.

Infatti i morti non sanno di aver vissuto.

La coscienza intesa come parte essenziale della vita: pensare significa essere vivi, concludeva ogni volta.

Forse perdendo la coscienza si arriva allo stato di beatitudine di cui sopra, cioè la beatitudine equivale a uno stato di non coscienza! E se Dio è la beatitudine, la parola Dio equivale a 'uno stato di non coscienza'. E qui si confondeva ogni volta: Dio come essenza del sapere assoluto o del non sapere assoluto?

A questo punto era arrivata Delia e tutto era crollato come un castello di carta.

Ora si guardarono, l'una concentrata, intenta a riallacciare il filo interrotto, l'altra infastidita e un po' preoccupata. Infine Delia si alzò decisa e andando via disse solo:

Diesseits vorzustellen.

Nein. Das allein konnte nicht die Belohnung nach dem berühmten Jammertal sein. Da musste noch mehr sein. Davon war sie überzeugt.

Wenn das Leben nur eine Einbahnstraße ist, überlegte sie, und die Endstation immer dieselbe, das heißt der Tod, dann 'musste' es nachher auf der anderen Seite etwas anderes geben. Warum sonst dieses ganze Sich-Abmühen?

Die ewige Glückseligkeit ... sie kehrte zum Ausgangspunkt zurück.

Davon reden alle Religionen, überlegte sie weiter, ein menschliches Konzept, vom Menschen erdacht, beziehungsweise erfunden, um die Angst vor dem Tod zu überwinden, dem endgültigen Abschied vom wirklichen Leben. Der Tod ist das Menschlichste, was es geben kann, er musste weder erfunden noch erdacht werden: wenn man stirbt, verliert man aber das Bewusstsein des Lebens.

In der Tat, die Toten wissen nicht, dass sie gelebt haben.

Das Bewusstsein verstanden als grundlegenden Teil des Lebens: denken bedeutet lebendig sein, schloss sie jedes Mal.

Vielleicht erreicht man den Zustand der Glückseligkeit, indem man das Bewusstsein verliert, das heißt, die Glückseligkeit kommt einem Zustand des Nichtbewusstseins gleich! Und wenn Gott die Glückseligkeit ist, das Wort Gott kommt einem 'Zustand des Nicht-Bewusstseins' gleich. Und hier verwirrten sich jedes Mal ihre Gedanken: Gott als Essenz des absoluten Wissens oder des absoluten Nicht-Wissens?

An diesem Punkt war Delia erschienen und alles war eingestürzt wie ein Kartenhaus.

Jetzt sahen sie sich an, die eine konzentriert, bemüht den verlorenen Faden wieder aufzunehmen, die andere verärgert und ein wenig besorgt. Schließlich stand Delia entschlossen auf und im Gehen sagte sie nur:

«Cerca il tuo filo. Io intanto faccio quattro passi. Ci vedremo a pranzo.» Elide le guardò dietro, più in cielo che in terra.

Qualche minuto dopo un'ombra possente si piegò davanti a lei e l'uomo del giorno prima, togliendosi cerimoniosamente il cappelluccio di paglia che portava in testa, con voce timida e alquanto insicura:

«Erlauben Sie, Gnädige Frau[4]» balbettò, lasciandosi cadere di peso, nel vero senso della parola, sulla stessa sedia lasciata libera da Delia. La cameriera venne subito a prendere ordini: aveva assistito a tutta la scena.

Elide si scosse, come colpita da una mazzata in testa. Non osò guardarlo direttamente in viso: la vasta mole dell'uomo bastava da sola per intraprendere un viaggio di esplorazione senza fine. Oggi era pulitissimo, anzi profumava addirittura di dopo-barba: incominciò dai piedi, nudi, infilati in due enormi sandali tipici dei tedeschi; seguirono i pantaloni bianchi, di lino, freschi di tintoria; infine la camicia, un solo bottone sbottonato, giusto il colletto, pulita, stirata... si vedevano ancora le pieghe della valigia. Non fosse stato per la statura e il resto, quasi quasi non lo avrebbe riconosciuto.

«Ich möchte mich für den gestrigen Überfall entschuldigen. Danach ist mir bewusst geworden dass... aber sie versteht mich nicht[5]. You speak english?»

Elide nel frattempo era arrivata al viso: una grande bocca carnosa, molliccia, guance un po' cascanti e infine gli occhi, piccoli, affondati nel grasso. Leggermente scosse la testa in segno negativo. Non aveva capito una sola parola. Lui intanto continuava a girarsi fra le mani il suo cappelluccio di paglia, sempre più imbarazzato.

«Pardonnez-moi...wie heißt Überfall auf französisch? As-

[4]Permette, signora

[5]Vorrei scusarmi per l'irruzione di ieri. Subito dopo mi sono reso conto... ma ho l'impressione che non mi capisca

»Such deinen Faden. Ich geh inzwischen ein paar Schritte. Wir sehen uns beim Mittagessen.« Elide blickte ihr nach, eher in den Wolken als auf dem Boden.

Einige Minuten später verneigte sich ein mächtiger Schatten vor ihr, und der Mann vom Tag zuvor, den Strohhut, den er auf dem Kopf trug zeremoniös ziehend, stotterte er mit schüchterner und ziemlich unsicherer Stimme:

»Erlauben Sie, gnädige Frau«, sich im wahrsten Sinne des Wortes auf denselben Stuhl fallen lassend, den Delia frei gemacht hatte. Die Kellnerin kam sofort die Bestellung aufzunehmen: sie hatte die ganze Szene beobachtet.

Elide schüttelte sich, wie von einem Schlag auf den Kopf getroffen. Sie sah ihm nicht direkt ins Gesicht: die beeindruckende Masse des Mannes alleine genügte, um eine endlose Entdeckungsreise zu unternehmen. Heute war er äußerst sauber, roch sogar nach Rasierwasser. Sie begann bei den Füßen, nackt, in riesige, typisch deutsche Sandalen gesteckt; es folgten die weißen Leinenhosen, frisch aus der Reinigung; schließlich das Hemd, ein einziger Knopf am Kragen offen, sauber, gebügelt ... man sah noch die Falten vom Liegen im Koffer. Wäre es nicht wegen seiner Größe und dem Rest gewesen, sie hätte ihn beinahe nicht wiedererkannt.

»Ich möchte mich für den gestrigen Überfall entschuldigen. Danach ist mir bewusst geworden, dass... aber sie versteht mich nicht. You speak english?«

Elide war inzwischen beim Gesicht angelangt: ein großer, fleischiger, weicher Mund, ein wenig herabhängende Wangen und schließlich die Augen, klein, im Fett eingebettet. Leicht schüttelte sie verneinend den Kopf. Sie hatte kein einziges Wort verstanden. Er fuhr inzwischen fort seinen Strohhut in seinen Händen zu drehen, immer verlegener.

»Pardonnez-moi ... wie heißt Überfall auf Französisch? Assaut geht nicht, incident vielleicht, pour l'incident d'hier ... Französich war nie meine Stärke ...«, und streckte, von der Anstrengung sich verständlich zu machen und noch mehr

saut geht's nicht, incident vielleicht, pour l'incident d'hier... Französich war nie meine Stärke...[6]» e allargò le braccia sopraffatto dalla difficoltà di farsi capire, ma ancor più dallo sguardo sorpreso, o meglio stralunato della sua interlocutrice.

Intanto era arrivata la cameriera col caffè che lui si precipitò a pagare sull'istante. Facendo sforzi sovrumani riuscì a tirar fuori dalla tasca dei pantaloni il suo portafoglio, incagliato come era in quella poltroncina di plastica, costruita per persone di altra stazza. La procedura di pagare e rimettere il resto nel portamonete, e la nuova fatica di infilare il tutto nella tasca posteriore dei pantaloni lo occupò qualche minuto, superato con notevole imbarazzo.

Elide continuava a osservarlo: fino a quel momento non aveva aperto bocca. Seguiva affascinata i gesti di quelle grandi mani Non poté fare a meno di gettare uno sguardo sulle proprie manine abbandonate in grembo per poi confrontarle con quelle zampacce un po' arrossate, gonfie, coperte da una leggera peluria biondiccia. Non aveva mai visto mani così grandi. E lei osservava sempre le mani delle persone perché, diceva, sanno esprimere molto più del viso, degli occhi: le mani sono sincere, non riescono a nascondere niente.

Per il resto, quell'uomo era la perfetta personificazione dell'orco delle fiabe: così e non altrimenti se lo era immaginato, nella sua infanzia. Solo che questo qui sembrava una persona oltremodo civile. Che avesse letto nei suoi pensieri? Si batté infatti una manona sulla fronte e continuò in un misto fra tedesco, francese e qualche parola italiana:

«Io tedesco. *Permettez vous de me présenter: Otto Müller, archiviste chez l'Institut internationale de recherche de Bonn.*

---

[6]Mi scusi... come si dice irruzione in francese? Assalto non va, incidente forse, per l'incidente di ieri... non sono mai stato bravo in francese

vom überraschten, beziehungsweise verstörten Blick der Angesprochenen überwältigt die Arme von sich.

In der Zwischenzeit war die Kellnerin mit dem Kaffee gekommen, den er sich augenblicklich zu bezahlen beeilte. Unter übermenschlichen Anstrengungen gelang es ihm, die Geldbörse aus seiner Hosentasche hervorzuholen, in dieses Plastiksesselchen eingepfercht, das für Menschen anderer Statur gemacht war. Die Prozedur des Zahlens, das Wechselgeld in die Geldbörse zu geben, die neuerliche Anstrengung alles wieder in die Hosentasche zu stecken, beschäftigte ihn einige Minuten und wurde von ihm mit ziemlicher Verlegenheit erledigt.

Elide fuhr fort ihn zu beobachten; bis zu diesem Moment hatte sie den Mund nicht aufgemacht. Sie verfolgte fasziniert die Gesten dieser großen Hände. Sie konnte nicht anders als einen Blick auf die eigenen, im Schoß verlorenen Hände zu werfen, um sie mit jenen, etwas geröteten, von leichtem, blondem Flaum bedeckten Pranken zu vergleichen. Noch nie hatte sie so große Hände gesehen. Und sie beobachtete immer die Hände der Personen, weil sie sich sagte, dass diese mehr aussagen können als das Gesicht, die Augen: die Hände sind ehrlich, sie vermögen nichts zu verbergen.

Im Übrigen war alles an dem Mann die perfekte Personifizierung des Riesen aus dem Märchen: so und nicht anders hatte sie ihn sich in ihrer Kindheit vorgestellt. Nur, dass dieser hier eine überaus gebildete Person zu sein schien. Hatte er in ihren Gedanken gelesen? In der Tat schlug er sich mit seiner Pranke an die Stirn und fuhr in einem Mischmasch aus Deutsch, Französisch und einigen italienischen Brocken fort:

»Io tedesco. Permettez vous de me présenter: Otto Müller, archiviste chez l'Institut internationale de recherche de Bonn. Wer weiß, ob sie mich verstanden hat ...«, seufzte er erschöpft, erneut die Arme ausbreitend. Er sah ihr in die Au-

Wer weiss ob sie mich verstanden hat...[7]», sospirò, vinto, allargando di nuovo le braccia. La guardò negli occhi e capì che ogni sforzo sarebbe stato inutile: vide un uccellino smarrito, uno sguardo vagante in chissà quali lontani orizzonti. Perse del tutto la bussola:

«*Wir verstehen uns nicht... lieber gehe ich*[8]», borbottò scuotendo la testa e di slancio si disincagliò dalla sua poltroncina di plastica. Un attimo dopo non c'era più, scappato via come un ladro. Non aveva neanche bevuto il suo caffè.

Le ultime parole erano state più pensate che dette, appena sussurrate, ma stranamente Elide sentì che si riferivano a lei, pur non avendone capito il significato. Il tono della voce, tutta la confusione di quel gigante e quella improvvisa fuga erano bastate.

Cercò di riallacciare il filo sottile dei suoi pensieri interrotto da quell'apparizione, ma non riuscì più a concentrarsi: un altro filo si era sovrapposto al primo.

Mai si sarebbe immaginata un incontro simile.

„Che è stato?" Si chiese dopo qualche minuto di stordimento. „Mi sono sognata tutta questa scena o è accaduta veramente? Si chiama Otto Müller, non posso averlo sognato, ed è archivista presso l'Istituto di ricerca internazionale di Bonn. Che cosa cercheranno?" Poi anche i suoi pensieri si confusero, incapaci di riordinare il seguito degli avvenimenti.

„È venuto appena Delia mi ha lasciato. Forse ha aspettato questo momento, chi lo può sapere? Perché poi? Delia parla molto bene il francese e l'inglese, si sarebbero capiti meglio. Ma forse voleva parlare solo con me." Un pensiero che la scombussolò del tutto. Perse anche questo secondo filo e non si diede la pena di rintracciarlo: un terzo filo intanto si

---

[7]Mi permetta di presentarmi: Otto Müller, archivista presso l'Istituto internazionale di ricerca di Bonn. Chissà se mi ha capito.

[8]Non ci capiamo... meglio andare

gen und begriff, das jede weitere Bemühung umsonst gewesen wäre. Er sah ein verirrtes Vögelchen, einen, in wer weiß welch fernen Welten herumstreifenden Blick. Er verlor endgültig die Orientierung:

»Wir verstehen uns nicht ... lieber gehe ich«, murmelte er kopfschüttelnd und mit Schwung befreite er sich aus seinem Plastiksessel. Einen Augenblick später war er verschwunden, wie ein Dieb geflüchtet. Er hatte nicht einmal seinen Kaffee getrunken.

Die letzten Worte waren eher gedacht als gesprochen gewesen, gerade einmal geflüstert, aber eigenartiger Weise hörte Elide, dass sie ihr galten, obwohl sie den Sinn nicht verstanden hatte. Der Ton der Stimme, das ganze Durcheinander dieses Riesen und die plötzliche Flucht hatten genügt.

Sie versuchte den durch diese Erscheinung unterbrochenen dünnen Faden ihrer Gedanken wieder aufzunehmen, aber sie vermochte sich nicht mehr zu konzentrieren: ein anderer Faden hatte sich über den ersten gelegt.

Nie hätte sie sich eine derartige Begegnung vorstellen können.

„Was war das?", fragte sie sich nach einigen Minuten der Benommenheit. „Habe ich diese ganze Szene geträumt oder hat sie wirklich stattgefunden? Er heißt Otto Müller, ich kann das nicht geträumt haben und er ist Archivar beim Internationalen Forschungsinstitut in Bonn. Was forschen die da?" Dann wurden auch ihre Gedanken wirr, unfähig den Fortgang der Ereignisse wieder zu ordnen.

„Er ist aufgetaucht, gerade als Delia gegangen war. Vielleicht hat er diesen Augenblick abgewartet, wer weiß das schon? Und warum wohl? Delia spricht sehr gut Französisch und Englisch, die hätten sich besser verstanden. Aber vielleicht wollte er nur mit mir sprechen." Ein Gedanke, der sie völlig durcheinander brachte. Sie verlor auch diesen Faden und machte sich nicht die Mühe, ihn wieder zu finden. Ein dritter Faden begann sich in ihrem Kopf den Weg zu bahnen. Während er sprach, hatten die Augen dieses Otto Mül-

stava facendo strada nel suo cervello. Gli occhi di quell'Otto Müller, mentre parlava, avevano avuto una luce particolare. Tentò di ricordare il colore di quegli occhi ma si accorse subito che in realtà non era importante il colore: cosa c'era dietro, questo era il punto.

„No, no" pensò subito, „non può essere." Ma una parola affiorava, appariva e spariva. Una richiesta timida e una preghiera. Un'offerta anche: quell'uomo sembrava preda di un sortilegio. Che fosse un'avance era chiaro, ma cosa aveva detto? Cosa aveva voluto comunicarle?

Ancora un uomo che voleva qualcosa da lei. Non era certo la prima volta.

Altre figure maschili affiorarono, ombre informi, che in vari periodi della sua vita avevano tentato di penetrare in quel giardino incantato e ne erano usciti trasformati in animali di vario genere: asini, porci, pecore. Tutti con la stessa domanda negli occhi. Che era poi anche una proposta, un invito. Lei, innocente Circe, pietrificata nel suo stesso giardino, non aveva mai capito quelle richieste, quelle offerte.

O forse si era semplicemente rifiutata di capire.

Il tempo scivolò via, silenzioso, vuoto. Qualche pensiero indistinto e una vaga inquietudine. „Mi sta succedendo qualcosa e io non riesco ad afferrarne il senso".

La gente intanto andava e veniva, indaffarata, occupata a ingannarsi o a ingannare il tempo; tutti intenti ad attraversare la famosa 'valle di lacrime' chi in fretta, chi comodamente, tutti comunque convinti dell'importanza della loro attività, della necessità imprescindibile di ogni loro azione.

Lei invece aspettava.

E mentre aspettava, osservava gli altri vivere. Non si dava da fare: se ne stava seduta in attesa di qualcosa, o di qualcuno.

Un pensiero saltò su, indiscreto: „forse torna. Ha dimen-

ler einen besonderen Glanz gehabt. Sie versuchte sich an die Farbe dieser Augen zu erinnern, aber sie merkte sofort, dass die Farbe in Wirklichkeit nicht wichtig war: was steckte dahinter, das war die Frage.

„Nein, nein“, dachte sie gleich, „das kann nicht sein.“ Doch ein Wort tauchte auf, erschien und verschwand. Eine zaghafte Forderung und eine Bitte. Auch ein Angebot: dieser Mann schien Opfer einer Verzauberung zu sein. Dass es ein Annäherungsversuch war, war klar, aber was hatte er gesagt? Was hatte er ihr mitteilen wollen?

Noch ein Mann, der etwas von ihr wollte. Es war nicht das erste Mal.

Andere männliche Gestalten tauchten auf, unförmige Schatten, die zu unterschiedlichen Zeiten ihres Lebens in diesen verzauberten Garten einzudringen versucht hatten, in Tiere unterschiedlichster Art verwandelt: Esel, Schweine, Schafe. Alle mit derselben Frage in den Augen. Die dann auch wieder ein Vorschlag, eine Einladung war. Sie, die unschuldige Circe, versteinert im eigenen Garten, hatte diese Forderungen, diese Angebote nie verstanden. Oder vielleicht hatte sie sich einfach geweigert sie zu verstehen.

Die Zeit verrann, still, leer. Einige undeutliche Gedanken und eine unbestimmte Unruhe. „Etwas geschieht mit mir und ich vermag den Sinn nicht zu begreifen!“

Die Leute kamen und gingen derweil, damit beschäftigt sich selbst zu betrügen oder die Zeit totzuschlagen, alle im Begriff das berühmte ‘Jammertal’ zu durchschreiten, manche in Eile, manche gemächlich, alle in jedem Fall überzeugt von der Wichtigkeit ihrer Tätigkeiten, von der unverzichtbaren Notwendigkeit aller ihrer Handlungen.

Sie hingegen wartete.

Und während sie wartete, beobachtete sie die Anderen beim Leben. Sie tat nichts: sie saß in Erwartung von irgendetwas oder irgend jemandem da.

Ein Gedanke, indiskret, tauchte auf: „Vielleicht kommt er

ticato di bere il suo caffè."

«Sei ancora qui? Lo sai che sono passate due ore da quando ti ho lasciato? E non hai neanche bevuto il tuo caffè.» Delia era davanti a lei, energica, un po' accaldata dopo la lunga camminata, e piena di vita.

A pranzo Elide non riuscì a mandar giù un boccone: Delia mangiò invece con appetito, lanciando ogni tanto un'occhiata preoccupata verso la sorella. Infarto o depressione?

«Stai male? Perché non mangi?» Elide continuava a fissare la porta della sala e improvvisamente trattenne il respiro mentre il viso e il collo si coprivano di chiazze rosse: fu come se non soltanto il sangue le fosse affluito sul viso ma anche l'anima. Abbassò gli occhi in un breve cenno di saluto. Delia si girò per vedere a chi era indirizzato quello sguardo, quel viso trasfigurato.

«Toh guarda chi si rivede! Il tipo di ieri. Lo conosci? Perché lo hai salutato?» e pensò „ma che infarto e depressione… qui c'è dell'altro. Bisogna essere ciechi per non vederlo!" e sogghignò. «Ma guarda che novità. Confessa che lo conosci.»

Elide ormai non sapeva dove girare gli occhi: Otto Müller, prima di avviarsi verso il proprio tavolo, si era tolto il cappelluccio in un grandioso gesto di saluto nella sua direzione, e ancora mentre si sedeva non staccava gli occhi da lei. Il suo tavolo, vicino alla porta, era proprio di fronte al loro.

Elide abbassò la testa sul piatto e cominciò a mangiare assai concentrata, quasi le fosse venuta di colpo una gran fame.

Essendo venuto piuttosto in ritardo avrebbe finito di pranzare dopo di loro e di conseguenza, per uscire dalla sala sarebbero dovute passare proprio davanti a lui.

zurück. Er hat vergessen seinen Kaffee zu trinken."

»Du bist immer noch hier? Weißt du, dass es zwei Stunden her ist, dass ich weggegangen bin? Und du hast nicht einmal deinen Kaffee getrunken.« Delia stand vor ihr, energisch, ein wenig verschwitzt nach dem langen Spaziergang und voller Lebenskraft.

Beim Mittagessen war Elide außer Stande einen Bissen hinunterzuwürgen; Delia hingegen aß mit Appetit, ab und zu einen besorgten Blick auf die Schwester werfend. Infarkt oder Depression?

»Ist dir schlecht? Warum isst du nicht?« Elide fuhr fort die Tür des Speisesaals zu fixieren und hielt plötzlich den Atem an, während sich ihr Gesicht, ihr Hals mit roten Flecken übersäte, als ob ihr nicht nur das Blut, sondern auch die Seele ins Gesicht gestiegen wäre. Sie schlug die Augen nieder, einen kurzen Gruß andeutend. Delia drehte sich um, um zu sehen, wem der Gruß, dieser verklärte Blick, galt.

»Sieh einer an, wen man da wiedersieht! Der Typ von gestern. Kennst du ihn? Warum hast du ihn gegrüßt?«, und sie dachte, „von wegen Infarkt und Depression ... da steckt anderes dahinter. Man müsste blind sein, um es nicht zu sehen!", und sie grinste. »Sieh einer an, welche Neuigkeit. Gib zu, du kennst ihn.«

Elide wusste nicht mehr, wohin sie den Blick richten sollte: Otto Müller hatte, bevor er sich zu seinem Tisch begab, den Strohhut mit einer grandiosen Geste des Grußes in ihre Richtung abgenommen und während er sich hinsetzte, hatte er sie fest im Blick. Sein Tisch neben der Tür stand dem ihren genau gegenüber.

Elide neigte den Kopf über den Teller und begann sehr konzentriert zu essen, beinahe so, als hätte sie auf einen Schlag ein großer Hunger überkommen.

Da er mit ziemlicher Verspätung gekommen war, würde er nach ihnen fertig werden und folglich hätten sie, um den Speisesaal zu verlassen, an ihm vorbeigehen müssen. Dieser

Questo pensiero la paralizzò.

Delia continuava ad osservarla, scuotendo ogni tanto la testa e sorridendo maliziosamente. „Ma guarda un po'. Fra capo e collo... proprio lei, la bella addormentata nel bosco."

Elide era effettivamente una bella donnina, una figurina elegante, minuta, assai curata, piena di una grazia di altri tempi.

Tutto il contrario di lei, che con gli anni accennava a qualche rotondità, sciattamente ricoperte da una serie di „stracci" colorati, come definiva lei stessa i propri vestiti, fluenti, in maggior parte provenienti dall'India e paesi contigui; non trascurava le dita, (a ogni dito almeno un anello) né il collo (aveva una collezione di collane coloratissime). Delia era un'artista, una pittrice, ma dell'artista non aveva niente di esoterico e tanto meno di spirituale: lei aveva i piedi ben piantati per terra e la testa sulle spalle. La sua stravaganza era solo esteriore, una stravaganza del resto che la divertiva, le dava un'aria un po' zingaresca, anticonformista; forse una protesta verso la sorella, sempre fuori dal mondo, persa in altre sfere: una sognatrice, questa era sempre stata Elide, già da ragazza. Ora più gli anni passavano, più le loro vie divergevano. Delia trascorreva alcuni mesi dell'anno a Parigi, dove del resto aveva anche studiato e dove aveva conservato una quantità di amicizie. Al ritorno si portava dietro un 'amorazzo' francese, un pittore, magari assai più giovane di lei, squattrinato e senza fissa dimora. Una relazione passeggera, senza impegno per nessuna delle parti, che però aveva il potere di sconvolgere l'esistenza di Elide.

Di solito un grosso litigio metteva fine a quella faccenda e l'ospite si precipitava a levare le tende: da un momento all'altro tutto tornava come prima e nessuna delle due accennava all'avventura passata, l'una per indifferenza, l'altra per

Gedanke lähmte sie.

Delia beobachtete sie weiterhin und schüttelte ab und zu verschmitzt lächelnd den Kopf. „Sieh einer an. Hals über Kopf ... gerade das Dornröschen."

Elide war in der Tat eine schöne Frau, ein elegantes Figürchen, zart, sehr gepflegt, voll der Grazie vergangener Zeiten.

Ihr exaktes Gegenteil, da sich an ihr mit den Jahren gewisse Rundungen andeuteten, die schlampig unter einer Reihe farbiger 'Fetzen' versteckt wurden, wie sie selbst ihre flatternden, zum Großteil aus Indien und den benachbarten Ländern stammenden Kleider nannte; sie vernachlässigte weder die Finger (an jedem Finger zumindest ein Ring), noch den Hals (sie besaß eine Sammlung farbenprächtiger Halsketten). Delia war eine Künstlerin, Malerin, aber von der Künstlerin hatte sie nichts Esoterisches und noch weniger Spirituelles: sie stand da, mit den Füßen fest auf dem Boden und dem Kopf auf den Schultern. Ihre Extravaganz war bloß äußerlich, die Extravaganz, die sie übrigens belustigte, gab ihr einen etwas zigeunerhaften, antikonformistischen Flair; vielleicht ein Protest gegen die Schwester, immer außerhalb der Welt, in anderen Sphären verloren: eine Träumerin, das ist Elide immer gewesen, bereits als Mädchen. Nun, je mehr Jahre verflossen, desto weiter klafften ihre Wege auseinander. Delia verbrachte einige Monate im Jahr in Paris, wo sie übrigens auch studiert hatte und wo sie sich eine Menge Freunde bewahrt hat. Wieder zurück, brachte sie eine französische 'Liebschaft' mit, einen Maler, meist ziemlich jünger als sie, mittellos und ohne feste Bleibe. Eine vorübergehende Beziehung ohne Verpflichtung für keinen der beiden, die aber die Macht hatte, die Existenz Elides zu erschüttern.

Gewöhnlich setzte eine große Streiterei der Angelegenheit ein Ende und der Gast brach überstürzt die Zelte ab: von einem Moment zum anderen wurde alles wie vorher und keine von beiden spielte auf das vergangene Abenteuer

disagio. Delia aveva l'abitudine di ospitare i suoi uomini nella loro casa comune, a Roma, una vecchia casa signorile con un gran numero di stanze, in una strada tranquilla, di fronte al Ministero dove per anni aveva lavorato prima il padre e poi Elide.

Finalmente si alzarono. Il pranzo era già finito da un pezzo, non venivano servite altre portate e già la maggior parte dei tavoli erano vuoti: Elide aveva cercato di prolungarlo il più possibile, mangiando anche i resti della sorella, chiedendo ancora un caffè e poi perfino un digestivo. Delia aveva sorriso a ogni nuova richiesta.

«Hai finito? O preferisci rimanere qui sola?» Elide, trasognata più del solito, si alzò e la seguì. Otto Müller appena vide che le due signore erano in procinto di alzarsi era saltato dalla sedia quasi rovesciando il tavolo davanti a sé. Senza una parola si inchinò al loro passaggio, come un cavaliere di altri tempi: i pochi ospiti rimasti non poterono non notare quella scena. Elide avrebbe voluto sprofondare, mentre la sorella sorridendo compiaciuta rispondeva al saluto.

In camera Delia si mise subito a letto senza commentare l'accaduto, il sorriso fisso sulle labbra. Elide andò da un angolo all'altro della stanza, rovistando fra le sue cose senza sapere cosa cercava. Avrebbe voluto uscire fuori dalla propria pelle. Le sembrava poi di librarsi nell'aria come una farfalla, senza peso, senza corpo. Una stranissima sensazione di leggerezza assoluta che non conosceva: ma perché era così sconvolta? L'orco delle fiabe si era inchinato davanti a lei, per sedurla. Ma anche per divorarla in un solo boccone! Ecco come stavano le cose.

an, die eine aus Gleichgültigkeit, die andere aus Unbehagen. Delia hatte die Angewohnheit ihre Männer in ihrer gemeinsamen Behausung in Rom unterzubringen, eine alte herrschaftliche Wohnung mit einer großen Anzahl von Zimmern, in einer ruhigen Straße gegenüber dem Ministerium gelegen, in dem zuerst ihr Vater und dann Elide gearbeitet hatten.

Endlich erhoben sie sich. Das Mittagessen war schon lange zu Ende, es wurden keine weiteren Gänge mehr serviert und der Großteil der Tische war verlassen: Elide hatte versucht das Essen so weit als möglich in die Länge zu ziehen, indem sie auch die Reste der Schwester aufaß, um noch einen Kaffee bat und dann sogar um einen Magenbitter. Delia hatte bei jeder Bestellung gelächelt.

»Bist du fertig? Oder möchtest du alleine hier bleiben?« Elide, verträumter als sonst, erhob sich und folgte ihr. Sowie Otto Müller sah, dass die beiden Damen im Begriff waren sich zu erheben, war er vom Stuhl aufgesprungen, wobei er beinahe den Tisch vor ihm umwarf. Ohne ein Wort verbeugte er sich, als sie an ihm vorbeigingen, wie ein Kavalier aus vergangenen Zeiten: die wenigen noch gebliebenen Gäste konnten diese Szene nicht übersehen. Elide hätte im Boden versinken wollen, während die Schwester wohlgefällig lächelnd den Gruß erwiderte.

Auf dem Zimmer legte sich Delia sofort aufs Bett, ohne das Vorgefallene zu kommentieren, das Lächeln ständig auf den Lippen. Elide ging von einer Ecke des Zimmers in die andere, kramte in ihren Dingen, ohne zu wissen, was sie suchte. Sie wäre gerne aus ihrer Haut gefahren. Es kam ihr dann vor, als erhebe sie sich in die Luft wie ein Schmetterling, ohne Gewicht, ohne Körper. Ein seltsames Gefühl der absoluten Leichtigkeit, das sie nicht kannte: aber warum war sie so verwirrt? Der Riese aus dem Märchen hatte sich vor ihr verbeugt, um sie zu verführen. Aber auch um sie mit einem

«Il tempo delle fiabe è finito. Basta.» Dichiarò ad alta voce, fermandosi in mezzo alla stanza. Delia si girò nel letto già mezzo addormentata:

«Che hai detto? Di che fiabe stai parlando?»

«Niente niente», e si distese sul lettino accanto.

Non chiuse occhio.

„È arrivato il momento di uscire dal giardino incantato: l'orco è davanti al cancello, in attesa. Ma forse è soltanto un uomo, niente altro che un uomo", sospirò avvilita. Mezz'ora dopo, ancora sveglia, un altro pensiero la fulminò: „Preferisco un orco. Ho sempre aspettato che arrivasse un orco in carne e ossa, mai un uomo. Il mondo è pieno di uomini e gli uomini non mi interessano: io invece voglio un orco! E Otto Müller è un orco, un orco buono, che ha paura di me come io di lui!" Si alzò, si cambiò e senza gettare uno sguardo verso la sorella, che nel frattempo russava beatamente, uscì dalla stanza chiudendo la porta dietro di sé.

Si ritrovò sulla strada senza un piano prestabilito. Si avviò verso il piccolo parco vescovile, lo attraversò e si sedette al bar del cortile confinante, bevve un caffè e fumò una sigaretta. Poi, di punto in bianco decise di andare dal parrucchiere, forse, con un po' di fortuna, avrebbe potuto farsi lavare i capelli.

La giovane parrucchiera la riconobbe subito, era una vecchia cliente che veniva ogni anno d'estate: Elide si lasciò manipolare la testa dalla ragazza, sempre con l'impressione che tutto si svolgesse in sogno. Pensò solo: „Anche così si può attraversare la valle di lacrime. Ben pettinata." Quando uscì purtroppo il pomeriggio era appena iniziato: Delia, seduta al bar dell'albergo, la stava aspettando.

Bissen zu verschlingen! So lagen also die Dinge.

»Die Zeit der Märchen ist vorbei. Aus!«, erklärte sie mit lauter Stimme und blieb mitten im Zimmer stehen. Delia drehte sich halb eingeschlafen auf dem Bett:

»Was hast du gesagt? Von welchem Märchen sprichst du?«

»Nichts, nichts«, sagte sie und streckte sich auf dem Bett daneben aus.

Sie schloss die Augen.

„Es ist der Moment gekommen, den verwunschenen Garten zu verlassen: der Riese steht vor dem Gatter in Erwartung. Aber vielleicht ist es nur ein Mann, nichts anderes als ein Mann", seufzte sie deprimiert. Eine halbe Stunde später traf sie ein anderer Gedanke wie ein Blitz: „Ich ziehe einen Riesen vor. Ich habe immer darauf gewartet, dass ein Riese aus Fleisch und Blut kommt, nie aber ein Mann. Die Welt ist voller Männer und die Männer interessieren mich nicht: ich will hingegen einen Riesen! Und Otto Müller ist ein Riese, ein guter Riese, der vor mir Angst hat, nicht ich vor ihm!" Sie stand auf, zog sich um und ohne einen Blick in Richtung ihrer Schwester zu werfen, die inzwischen selig schnarchte, verließ sie das Zimmer und schloss die Tür hinter sich.

Sie fand sich ohne einen bestimmten Plan auf der Straße wieder. Sie machte sich in Richtung des kleinen Bischofparks auf den Weg, durchquerte ihn und setzte sich in die Bar im angrenzenden Hof, trank einen Kaffee und rauchte eine Zigarette. Dann, ganz plötzlich, beschloss sie zum Friseur zu gehen; mit etwas Glück konnte sie sich die Haare waschen lassen.

Die junge Friseuse erkannte sie sofort wieder, sie war eine alte Kundin, die jeden Sommer wiederkam. Elide ließ sich von dem Mädchen den Kopf massieren, immer in dem Gefühl, dass alles wie in einem Traum geschähe. Sie dachte nur: „Auch so kann man das Jammertal durchschreiten. Gut frisiert." Als sie zurückging hatte der Nachmittag leider gerade erst begonnen. Delia erwartete sie an der Bar des Ho-

«Ti sei fatta bella?» E alzò un sopracciglio in quel suo modo ironico che riusciva sempre a irritare la sorella: questa volta non arrivò nessuna reazione. Elide sembrava impermeabile a ogni commento e tanto meno alla sua ironia. Delia continuò a stuzzicarla.

«Vedo che la voglia di chiacchierare non ti manca. Che ne diresti se andassimo a bere un caffè al solito bar?» E senza aspettare la sua risposta si alzò. Elide la seguì: il bar, quello cioè dove da anni usavano trascorrere una mezz'ora ogni pomeriggio, prima di iniziare la solita passeggiata lungo il fiume, era situato sulla piazza fra la Scuola di musica e il Pristerseminar. Un posto suggestivo, attorniato da vecchi palazzi che venivano man mano restaurati, a due passi dal Duomo, dal famoso Chiostro e dal Vecchio Cimitero. Proseguendo per la via Hartwig, a qualche centinaio di metri dal loro Caffè, la strada si allargava formando una piazzetta con una piccola fontana in mezzo: era stato lì che aveva incontrato Otto Müller. Anche lì c'era un bar, un piccolissimo locale dove era possibile bere qualcosa restando in piedi. Fuori, sull'altro lato della strada, da qualche anno erano stati messi dei tavolini bianchi di plastica, delle poltroncine e due o tre ombrelloni.

Ora, seduta davanti a una tazzina di caffè i suoi pensieri correvano a quell'altro bar, vedeva come lui cadeva di peso sulla sedia di fronte a lei e come si era alzato a precipizio... „non mi ha neanche salutata" constatò, sorpresa di non averlo notato prima. Delia stava dicendo qualcosa ma le parole arrivavano indistinte, solo dei suoni e niente altro. Dopo un po' si interruppe:

«Tu non mi ascolti. Ti chiedo per la seconda volta se anche oggi hai intenzione di passare il pomeriggio seduta su questa sedia, o se vuoi fare quattro passi con me fino all'incrocio dei due fiumi.» Elide tornò lentamente alla realtà.

tels sitzend.

»Du hast dich hübsch gemacht?«, und zog auf ihre ironische Art, die die Schwester immer zu irritieren vermochte, eine Augenbraue hoch. Dieses Mal folgte aber keine Reaktion. Elide schien unzugänglich für jeden Kommentar, um so mehr für ihre Ironie. Delia fuhr fort sie zu necken.

»Wie ich sehe, fehlt dir nicht die Lust zu reden. Was würdest du davon halten, in die übliche Bar auf einen Kaffee zu gehen?« Ohne ihre Antwort abzuwarten, stand sie auf. Elide folgte ihr; die Bar, in der sie seit Jahren jeden Nachmittag eine halbe Stunde zuzubringen pflegten, bevor sie sich zu ihrem üblichen Spaziergang den Fluss entlang aufmachten, befand sich auf dem Platz zwischen der Musikschule und dem Priesterseminar. Ein bezaubernder Ort, von alten Gebäuden umgeben, die nach und nach restauriert werden, einen Steinwurf vom Dom, dem berühmten Kreuzgang und dem alten Friedhof entfernt. Weiter über die Hartwig Straße, vielleicht einige hundert Meter von ihrem Kaffee entfernt, weitet sich die Straße zu einem kleinen Platz mit einem kleinen Brunnen in der Mitte: dort war es gewesen, wo sie Otto Müller begegnet war. Auch da gab es eine Bar, ein winziges Lokal, wo man etwas im Stehen trinken konnte. Draußen, auf der anderen Seite der Straße, sind seit einigen Jahren weiße Plastiktischchen, einige Stühle und zwei oder drei Sonnenschirme aufgestellt worden.

Jetzt, bei einer Tasse Kaffee, wanderten ihre Gedanken zu jener anderen Bar, sah sie, wie er schwer auf den Stuhl ihr gegenüber niedersank, und wie er sich ruckartig erhoben hatte ... „er hat mich nicht einmal gegrüßt", stellte sie fest, überrascht, das nicht früher bemerkt zu haben. Delia sagte irgend etwas, aber die Worte kamen undeutlich, nur Klänge und nichts weiter. Nach einer Weile hielt sie inne.

»Du hörst mir nicht zu. Ich frage dich zum zweiten Mal, ob du auch heute im Sinn hast den Nachmittag auf diesem Stuhl sitzend zu verbringen, oder ob du zwei Schritte mit mir bis zum Zusammenfluss der beiden Flüsse machen

Guardò la sorella, gli occhi ancora pieni di una visione.

»Hai detto qualcosa?» Delia scosse la testa. Altro che infarto o depressione.

«Vieni con me fino all'incrocio dei due fiumi?» Elide la fissava ancora lontana.

«Sì, vengo con te.»

Costeggiando il Seminario vescovile infilarono una stradina stretta che immetteva direttamente sulla passeggiata lungo l'Isarco. Una dietro l'altra, Delia davanti, come sempre coloratissima, svolazzante di veli e di collane, baccante inebriata dal piacere di vivere; l'altra incantata, preda di un sortilegio: figurina eterea, delicata, caduta per caso in questo strano mondo per il quale non sembrava essere concepita. Una coppia che non avrebbe potuto essere più disuguale.

Lentamente si avviarono costeggiando, come sempre, l'Isarco, fino suo incrocio con la Rienza dove immancabilmente si fermarono per osservare come, annunciato da un breve ribollimento di acque, quasi in un ultimo sussulto di protesta, la Rienza si riversava nell'Isarco, perdendosi nelle sue acque: della Rienza non restava più neanche il nome. Quel confondersi, quell'immettersi nelle acque dell'altro, dopo un breve fremito di ribellione, solo un leggero gorgoglio; il cedere infine del fiume più imponente, fino a quel momento tempestoso, con carattere ben definito, e in ogni caso molto più ricco di acque dell'Isarco, a favore di quest'ultimo, un fiume senza pretese, le lasciava sempre soprappensiero, le sconcertava. La rinuncia definitiva alla propria esistenza. Elide assumeva un atteggiamento fatalistico, quasi vi vedesse un segno del destino. Il sacrificio volontario dell'uno a vantaggio dell'altro, così, senza lotta né ripensamenti. Teneva per sé queste considerazioni, chiusa in un silenzio che da tempo era diventato il compagno inseparabile della sua giornata: si smarriva in continui soliloqui con se stessa che l'a-

möchtest.« Elide kehrte langsam in die Wirklichkeit zurück. Sie schaute die Schwester an, noch ganz ihre Vision vor den Augen.

»Hast du etwas gesagt?« Delia schüttelte den Kopf. Von wegen Infarkt oder Depression.

»Kommst du mit mir bis zum Zusammenfluss der beiden Flüsse?« Elide sah sie an, noch immer weit weg.

»Ja, ich komme mit.«

Am bischöflichen Seminar vorbei bogen sie in eine schmale Gasse ein, die direkt in den Spazierweg entlang des Eisack mündete. Eine hinter der anderen, Delia wie immer voraus, bunt, mit fliegenden Schleiern und Halsketten, eine Bacchantin, von den Freuden des Lebens berauscht. Die andere verzaubert, Opfer einer Verzauberung: himmlisches Figürchen, zierlich, zufällig auf diese seltsame Welt gefallen, für die sie nicht geschaffen schien. Ein Paar, das nicht unterschiedlicher hätte sein können.

Langsam machten sie sich auf, wie immer den Eisack entlang, hinauf bis an den Zusammenfluss mit der Rienz, wo sie unweigerlich stehen blieben, um zu beobachten, wie die, in einem kurzen, letzten Protest aufschäumenden Wasser der Rienz sich in den Eisack stürzten und sich in seinem Wasser verloren: von der Rienz blieb nicht einmal der Name. Dieses Sich-Verlieren, dieses Sich-Auflösen in den Wassern des Anderen, nach einem kurzen, zitternden Aufbäumen, nur ein schwaches Gurgeln: schließlich das Sichergeben des imposanteren Flusses, des bis zu diesem Moment wilderen, mit klar definiertem Charakter, in jedem Fall an Wasser reicheren Flusses als der Eisack, zu Gunsten des Letzteren, eines anspruchslosen Flusses, war etwas, das sie immer gedankenverloren, verwirrt zurückließ. Der endgültige Verzicht auf die eigene Existenz. Elide nahm eine fatalistische Haltung ein, beinahe, als sehe sie darin einen Wink des Schicksals. Das freiwillige Opfer des einen zum Vorteil des anderen, einfach so, ohne Kampf und ohne zu überlegen. Sie behielt diese Überlegungen für sich, in einem

straevano sempre più dalla quotidianità della sua vita. Bastava un'improvvisa, inaspettata percezione della realtà per rimanerne sconvolta, smarrita.

In ogni caso, l'assistere passivamente a questo cedimento le procurava ogni volta un sottile malessere, un turbamento, una vaga inquietudine quasi assistesse a un atto sessuale.

Senza una parola, dandosi solo un'occhiata d'intesa, ritornarono sui loro passi per sedersi sulla prima panchina, sempre la stessa, ormai da anni. Elide ne approfittò per fumare una sigaretta. Fumando, aveva detto una volta, si pensa meglio. Al che prontamente Delia aveva ribattuto, solo i fumatori pensano, gli altri vegetano. Ma qui, lungo il fiume, non discutevano. Qui tutto era calmo. Sedute l'una accanto all'altra, lasciavano vagare i pensieri, smemorate, fissando l'acqua del fiume che continuava la sua corsa per unirsi a sua volta con l'Adige. A volte anche l'Isarco si ingrossava, dopo un temporale notturno: lo spettacolo di quelle acque spumeggianti, preda di una improvvisa rivolta, le affascinava ancora di più. A Roma non si fermavano mai a osservare il fiume: il Tevere scorreva sempre tranquillo, lento, come domato ormai da secoli, giallognolo, vero prodotto di una civiltà distruttiva.

«Cos'hai? Sei più intronata del solito. Con te non si può più parlare, non ascolti e mi guardi come se non mi vedessi. Ho proprio l'impressione che ti abbia colpito un fulmine a ciel sereno. Non avrei mai immaginato che un tipo come quello potesse interessarti. Mi chiedo se c'è di mezzo un filtro, una bevanda magica. Mi sembri stregata. Lo giuro, non ti ho mai vista così.» Elide taceva e Delia non era sicura se effettiva-

Schweigen eingeschlossen, das schon seit langem der unzertrennliche Begleiter ihrer Tage war. Sie verlor sich in ständigen Selbstgesprächen, die sie immer weiter vom Alltag ihres Lebens ablenkten. Es genügte eine plötzliche, unerwartete Wahrnehmung der Wirklichkeit, um sie verwirrt, verloren zurückzulassen.

Auf jeden Fall verursachte ihr das Zusehen bei diesem passiven Nachgeben jedes Mal ein leichtes Unwohlsein, eine Beunruhigung, eine vage Unruhe, beinahe als wohne sie einem Sexualakt bei.

Ohne ein Wort, sich nur einen einvernehmlichen Blick zuwerfend, machten sie sich auf den Rückweg, um sich auf die erste Bank zu setzen, mittlerweile seit Jahren immer dieselbe. Elide nutzte die Gelegenheit, um eine Zigarette zu rauchen. Beim Rauchen, hatte sie einmal gesagt, denkt man besser. Also, hatte Delia sofort entgegnet, denken nur die Raucher, die anderen vegetieren nur. Aber hier am Fluss diskutierten sie nicht. Hier war alles ruhig. Die eine neben der anderen sitzend, ließen sie die Gedanken schweifen, zerstreut, die Wasser des Flusses beobachtend, die ihren Lauf fortsetzten, um sich ihrerseits später mit der Etsch zu vereinen. Manchmal schwoll auch der Eisack nach einem nächtlichen Unwetter an: das Schauspiel dieser schäumenden Wasser, Opfer eines plötzlichen Aufruhrs, faszinierten sie noch mehr. In Rom beobachteten sie nie den Fluss: der Tiber floss immer ruhig, langsam dahin, bereits seit Jahrhunderten gezähmt, gelblich, das wahre Produkt einer zerstörerischen Zivilisation.

»Was hast du? Du bist benommener als sonst. Mit dir kann man nicht mehr reden, du hörst nicht zu und siehst mich an, als ob du mich nicht sehen würdest. Ich habe den Eindruck, als hätte dich ein Blitz aus heiterem Himmel getroffen. Ich hätte mir nie vorgestellt, dass dich ein Typ wie dieser interessieren könnte. Ich frage mich, ob da irgend ein Zaubertrank im Spiel ist. Du kommst mir verhext vor. Ich schwöre,

mente l'avesse ascoltata. Fumava accanto a lei, fissando il fiume, come sempre affascinata da quello spettacolo.

Dopo un lungo silenzio, ecco la voce di Elide. Parlava come in trance:

«Mi piacerebbe essere una creatura acquatica, una specie di naiade, una figura trasparente, senza un vero corpo come lo abbiamo noi. Solo un fantasma, come si vede in un quadro, non ricordo più di chi. Lo abbiamo visto in un Museo tedesco, credo l'anno scorso. Ti ricordi? Una figura così non ha sentimenti né bisogni di nessun genere. Canta al chiaro di luna e attira i naviganti.»

Delia aveva ascoltato sorpresa: era abituata alle uscite della sorella, ma questa volta aveva superato se stessa! Una naiade, e voleva sparire fra le acque del fiume: forse depressione? E si spaventò. Le lanciò uno sguardo di traverso per accertarsi di essersi sbagliata. „No, è solo innamorata" pensò subito rassicurata. Sorrise pensando a quel grosso navigante pronto a lasciarsi incantare dal canto notturno della naiade. Ma forse era già incantato.

«Beh, non so proprio a quale quadro alludi, non certo a quello di Böcklin[9]... altro che creatura eterea! Quella è l'esplosione della più carnale sensualità! Ma forse pensi a Riemerschmied, a quei fantasmi spinti dalle nuvole[10]. In ogni caso stai confondendo l'uno con l'altro. Quanto poi a sentimenti e bisogni di altro genere, credo proprio che ti inganni: le naiadi avevano una vita sentimentale e sessuale assai movimentata, se si tiene conto della mitologia. Hanno messo al mondo una quantità di figli e figlie. Le loro avventure più o meno romantiche riempiono la letteratura antica.

[9] *Im Spiel der Wellen*, Arnold Böcklin, 1883
[10] *Wolkengespenster*, Wolfgang Riemerschmid, 1897

noch nie habe ich dich so erlebt.« Elide schwieg und Delia war sich nicht sicher, ob sie ihr wirklich zugehört hatte. Sie rauchte neben ihr, starrte in den Fluss, wie immer fasziniert von dem Schauspiel.

Nach langem Schweigen dann endlich Elides Stimme; sie sprach wie in Trance:

»Ich wäre gerne ein Wasserwesen, eine Art Nixe, eine ätherische Gestalt ohne einen wirklichen Körper, wie wir ihn haben. Nur ein Geist, wie man ihn auf einem Bild von, ich weiß nicht mehr von wem, sieht. Wir haben es in einem deutschen Museum gesehen, ich glaube letztes Jahr. Erinnerst du dich? Eine solche Gestalt hat weder Gefühle noch irgendwelche Bedürfnisse. Sie singt im Mondschein und zieht die Seefahrer in den Bann.«

Delia hatte überrascht zugehört; sie war an die Ausfälle der Schwester gewohnt, aber dieses Mal hatte sie sich selbst übertroffen! Eine Nixe und sie wollte in den Wogen des Flusses verschwinden: vielleicht eine Depression? Und sie erschrak. Sie warf ihr einen Blick von der Seite zu, um sich zu vergewissern, dass sie sich geirrt hatte. „Nein, sie ist nur verliebt", dachte sie gleich beruhigt. Sie lächelte, als sie an diesen massigen Seefahrer dachte, der bereit war, sich vom nächtlichen Gesang der Nixe bezaubern zu lassen. Aber vielleicht war er bereits verzaubert.

»Ich weiß wirklich nicht, auf welches Bild du anspielst, sicher nicht auf das von Böcklin[11] ... von wegen ätherischer Gestalt! Das ist die Explosion der fleischlichsten Sinnlichkeit. Aber vielleicht denkst du an Riemerschmid, an die von den Wolken geschobenen Gespenster[12]. In jedem Fall verwechselst du den einen mit dem anderen. Was die Gefühle und Bedürfnisse anderer Art angeht, glaube ich, irrst du dich völlig: die Nixen haben ein ziemlich bewegtes Gefühls- und Sinnesleben, wenn man die Mythologie berücksichtigt.

[11] *Im Spiel der Wellen*, Arnold Böcklin, 1883
[12] *Wolkengespenster*, Wolfgang Riemerschmid, 1897

Non so poi se cantassero al chiaro di luna. Qui credo proprio che tu stia facendo qualche confusione con le sirene. Lasciamo stare. Torniamo indietro piuttosto, forse il navigante ti sta aspettando da qualche parte.»

Al ritorno non rifecero la stessa strada dell'andata: dopo un centinaio di passi Delia deviò a sinistra ed entrò in una stradina larga forse due metri o poco più, e dopo pochi minuti passarono davanti al bar dove Elide aveva trascorso quasi tutta la mattinata: qui Otto Müller, senza nessun preavviso, era entrato nella sua vita. Il gigante non c'era, il bar era deserto.

Delia proseguì fino alla piazzetta dietro il Duomo e decisa entrò nel palazzotto della Scuola di musica, una costruzione assai antica. Attraversando l'androne passarono direttamente nel famoso chiostro della chiesa, un chiostro pieno di affreschi per la maggior parte risalenti al quindicesimo secolo, meta delle loro passeggiate negli anni precedenti. Questa volta non si fermarono a osservare gli affreschi, uscirono subito da una porta laterale che immetteva direttamente in chiesa: avevano sentito musica, un organista si esercitava. Si fermarono un momento, ascoltando. Forse Bach o un altro compositore. Elide sarebbe rimasta qualche minuto in più, ma la sorella era impaziente. Attraversarono la chiesa e uscirono sulla grande piazza del Duomo.

Delia propose subito di andare dal libraio, anche questa diventata un'abitudine.

Elide la seguiva sempre, come un automa, ma entrati in libreria andò subito nel reparto di lingua francese. Non c'era molto, solo qualche copia dei racconti di Maupassant. Delia non trovò niente di interessante. Uscendo non poté trattenersi:

Sie haben eine Menge von Söhnen und Töchtern zur Welt gebracht. Ihre mehr oder weniger romantischen Abenteuer füllen die antike Literatur.

Und dann weiß ich nicht, ob sie bei Mondschein sangen. Da glaube ich, verwechselst du sie mit den Sirenen. Aber lassen wir es bleiben. Kehren wir lieber um, vielleicht wartet der Seefahrer irgendwo auf dich.«

Für den Rückweg nahmen sie nicht denselben Weg wie beim Hinweg: nach ein paar hundert Metern bog Delia links in eine vielleicht kaum mehr als zwei Meter breite Straße ab, und nach wenigen Minuten kamen sie an der Bar vorbei, in der Elide beinahe den ganzen Vormittag zugebracht hatte: hier war Otto Müller unangekündigt in ihr Leben getreten. Der Riese war nicht da, die Bar war verlassen.

Delia ging weiter bis zum Platz hinterm Dom und betrat entschlossen das Gebäude der Musikschule, ein mittelalterlicher Bau. Durch den Eingangsbereich gehend, kamen sie direkt in den berühmten Kreuzgang, ein Kreuzgang voller zum Großteil ins fünfzehnte Jahrhundert zurückreichenden Fresken, Ziel ihrer Spaziergänge der vorangegangenen Jahre. Dieses Mal blieben sie nicht stehen, um die Fresken zu betrachten, gingen durch eine Nebenpforte, die direkt in die Kirche führte: sie hatten Musik gehört, ein Organist beim Üben. Sie verweilten einen Augenblick und hörten zu. Vielleicht Bach oder ein anderer Komponist. Elide wäre einige Minuten länger geblieben, aber die Schwester wurde ungeduldig. Sie durchquerten die Kirche und traten auf den Domplatz hinaus.

Delia schlug sofort vor, zum Buchhändler zu gehen, auch das war zur Gewohnheit geworden.

Elide folgte ihr immer wie ein willenloses Wesen, und sowie sie die Buchhandlung betreten hatten, ging sie sofort zum Regal mit den französischen Büchern. Es gab nicht viel, nur einige Exemplare der Erzählungen von Maupassant. Delia fand nichts Interessantes. Beim Hinausgehen hielt sie sich nicht mehr zurück:

«Da quando in qua ti interessa la letteratura francese? Sono anni che non compri un libro e... in francese pure!» Poi pensò: „forse il navigante parla francese."

Tornate in albergo, aspettarono l'ora di cena leggendo sedute a uno dei soliti tavolini. Ogni tanto Elide alzava gli occhi dal libro, due occhi trasognati, e ogni volta Delia si guardava intorno per scoprire il motivo della sua interruzione: niente, del navigante neanche l'ombra. La cena fu oltremodo silenziosa: il tavolo del signor Otto Müller rimase vuoto. "Deve aver deciso di fare una dieta assai severa", pensò Delia.

Elide non riuscì a nascondere la propria delusione. Ogni tanto smetteva di mangiare e fissava quel tavolo. „Non cena" si ripeteva a intervalli regolari, man mano che le portate venivano servite. Delia ebbe pietà di lei. Rimandò il piatto indietro con scuse varie, fece un po' di teatro per un capello nel brodo che vedeva solo lei, poi trovò da ridire sull'insalata non fresca e quindi da riportare in cucina, il cameriere avrebbe voluto mandarla a quel paese, ma la cena si prolungò miracolosamente: la sala era vuota e loro due erano ancora sedute col dessert! Purtroppo non servì a niente. Il gigante non arrivò neanche all'ultimo momento. Passando davanti al suo tavolo Delia si accorse che non era stato neanche apparecchiato.

«Mi sarei potuta risparmiare tutta la fatica» commentò a voce alta. Elide non capì.

In camera Delia si sdraiò sul letto e accese il televisore, stranamente scontenta anche lei, mentre la sorella si precipitava sul poggiolo. Guardò giù, in giardino. Niente, nessuno. Era ancora presto. Si sedette su una delle due poltroncine e accese una sigaretta.

Il cielo era chiaro benché fossero già le nove passate.

»Seit wann interessiert dich die französische Literatur? Seit Jahren kaufst du kein Buch ... und nun gar ein französisches.« Und dann dachte sie: „vielleicht spricht der Seefahrer französisch."

Zurück im Hotel, setzten sie sich wie üblich an eines der Tischchen, lasen und warteten aufs Abendessen. Ab und zu blickte Elide vom Buch auf, zwei verträumte Augen und jedes Mal blickte sich Delia um, um den Grund für diese Unterbrechung zu entdecken: nichts, vom Seefahrer keine Spur. Das Abendessen verlief übertrieben schweigsam: Otto Müllers Tisch blieb leer. „Er muss sich für eine sehr strenge Diät entschieden haben", dachte Delia.

Elide konnte ihre Enttäuschung nicht verbergen. Ab und zu hörte sie zu essen auf und starrte zu jenem Tisch. „Er isst nicht zu Abend", wiederholte sie sich in regelmäßigen Abständen, während die Gänge aufgetragen wurden. Delia hatte Mitleid mit ihr. Sie schickte den Teller mit den unterschiedlichsten Ausreden zurück, machte ein Theater wegen eines Haares in der Suppe, das nur sie sah, dann hatte sie etwas am nicht frischen Salat auszusetzen und ließ ihn in die Küche zurück gehen, der Kellner hätte sie gerne zum Teufel geschickt, aber das Abendessen zog sich auf wunderbare Weise in die Länge: der Speisesaal war leer und die beiden saßen immer noch beim Dessert! Leider nützte es nichts. Der Riese kam auch im letzten Moment nicht. Als sie an seinem Tisch vorbeikamen, stellte Delia fest, dass er gar nicht gedeckt war.

»Ich hätte mir die ganze Mühe sparen können«, bemerkte sie lauthals. Elide verstand nicht.

Auf dem Zimmer legte sich Delia aufs Bett und schaltete den Fernseher ein, eigenartig unzufrieden auch sie, während die Schwester auf den Balkon eilte. Sie schaute in den Park hinunter. Nichts, niemand. Es war noch zu früh. Sie setzte sich in einen der beiden Sessel und zündete eine Zigarette an.

Es war noch hell, obwohl es schon neun war. Der Mond

La luna si perdeva nell'azzurro quasi violetto del cielo e vagava decisa su un percorso prestabilito da sempre: fra qualche ora avrebbe preso possesso di tutto il giardino, illuminando ogni angolo, ogni cespuglio, ogni foglia. Per questo bastavano anche tre quarti di luna, non di più.

Elide pensò che la sera precedente qualche nuvola doveva aver offuscato il cielo. A quella stessa ora c'era poca luce e in giardino non era stato possibile distinguere le sedie, i pochi tavolini. Ma forse era molto più tardi.

Ogni tanto si sporgeva per guardare meglio e finalmente, dopo quasi mezz'ora di attesa, vide venire un'ombra gigantesca. Sentì il solito colpo allo stomaco. Entrò di slancio, cercò nervosamente una giacca di lana e senza una parola per la sorella, che era balzata a sedere sul letto, uscì.

«Che succede? Dove vai?...» Dopo un momento Delia si alzò e si fermò in mezzo alla stanza, indecisa. Poi si accostò al balcone e guardò in giardino. Sorrise e tornò a distendersi sul letto.

«*Bonsoir.*»

«Oh, madame...» Otto Müller balzò afferrando saldamente i braccioli della poltroncina di plastica, sempre troppo stretta, e si precipitò a spostarne un'altra per la sua inaspettata ospite. Elide si sedette solo sulla punta, tenendo stretta fra le mani la sua giacca di lana. Dopo alcuni minuti di silenzio, e sentì che se non avesse parlato subito non avrebbe parlato più, per il resto dei suoi giorni, si schiarì la gola e balbettò qualcosa in francese. Disse di aver dimenticato tutto, di averlo studiato solo a scuola e di non essersi esercitata quasi mai, eccettuato le poche volte in cui era stata a Parigi. Otto Müller, tutto proteso in avanti, cercava di afferrare il senso di quelle parole spezzate, frammenti di frasi appena

verlor sich im fast violetten Blau des Himmels und wanderte entschlossen auf der seit jeher vorgegebenen Bahn; in einigen Stunden würde er den ganzen Garten in Besitz nehmen und jeden Winkel, jeden Strauch, jedes Blatt beleuchten. Dazu genügten auch drei Viertel des Mondes und nicht mehr.

Elide dachte, dass am vorigen Abend einige Wolken den Himmel verdunkelt haben müssen. Zur selben Stunde gab es wenig Licht und im Garten war es nicht möglich die Stühle und die wenigen Tische zu erkennen. Aber vielleicht war es auch später gewesen.

Ab und zu lehnte sie sich vor, um besser sehen zu können und endlich, nach fast einer halben Stunde des Wartens sah sie einen riesigen Schatten auftauchen. Sie spürte den üblichen Schlag in die Magengrube. Sie ging schleunigst hinein, suchte nervös eine Wolljacke und ohne ein Wort zur Schwester zu sagen, die sich im Bett aufgesetzt hatte, ging sie weg.

»Was ist los? Wohin gehst du?« Nach einem Moment stand Delia auf und blieb unentschlossen mitten im Zimmer stehen. Dann trat sie ans Balkongeländer und schaute in den Garten. Sie lächelte und legte sich wieder aufs Bett.

»*Bonsoir.*«

»Oh, Madame ...« Otto Müller sprang auf, die Armlehnen des zu engen Plastikstuhles fest umklammernd, und beeilte sich einen weiteren für seinen unerwarteten Besucher zurechtzurücken. Elide setzte sich nur auf den Rand, ihre Wolljacke fest in den Händen haltend. Nach einigen Minuten des Schweigens, räusperte sie sich und stammelte etwas auf Französisch, da sie spürte, dass, hätte sie nicht sofort den Mund aufgemacht, sie für den Rest ihrer Tage nicht mehr reden würde. Sie sagte, dass sie alles vergessen habe, dass sie es nur in der Schule gelernt habe und dass sie fast nie geübt habe, die wenigen Male, da sie in Paris gewesen sei ausgenommen. Otto Müller, ganz nach vorne gebeugt, versuchte

sussurrati. Ma più che altro ascoltava la musica di quella voce: non le parole, solo il suono della voce, la melodia segreta di una parlata che non aveva niente di francese né di nessun'altra lingua a lui conosciuta. Una musica che sentiva per la prima volta, qualcosa che lo avvolgeva in una ragnatela sottile fatta solo di suoni: scopriva per la prima volta il fascino di una voce femminile.

Elide si interruppe incerta su come proseguire e fu come se l'acqua di una fontana avesse smesso di chioccolare: dopo qualche secondo di attesa nel silenzio più assoluto, e anche i secondi possono scorrere con una lentezza estenuante, Otto Müller cominciò a schiarirsi la voce. La sua era veramente la voce di un orco. Bassa, cavernosa, stranamente rotta, forse dall'emozione o dalla difficoltà di trovare le parole: il francese non era mai stato il suo forte né a scuola né in seguito, come aveva constatato la mattina precedente. Meglio sarebbe stato per lui l'inglese, ma la sua ospite non sembrava conoscere questa lingua.

Cominciò subito scusandosi anche lui. Ammise di aver trascorso tutto il pomeriggio a leggere un libro in francese, uno dei pochi trovato in libreria.

Elide lo interruppe:

«I racconti di Maupassant!» Otto Müller si meravigliò: come aveva fatto a indovinare?

Tacquero imbarazzati.

Ebbero ambedue l'impressione di essersi scoperti troppo presto. Trascorsero così altri minuti, eterni: sembrava che il filo si fosse spezzato e che nessuno dei due avesse la forza di riannodarlo.

Otto Müller si schiarì di nuovo la voce. Elide si raddrizzò: aveva pensato che già tutto fosse finito.

«Sarei molto onorato… sarei felice… vorrei tanto cono-

den Sinn dieser gestotterten Worte, Fragmente, gerade einmal geflüsterten Sätze zu verstehen. Aber vor allem lauschte er der Musik dieser Stimme: nicht den Worten, nur dem Klang der Stimme, der geheimen Melodie einer Aussprache, die nichts vom Französischen oder irgend einer bekannten Sprache hatte. Einer Musik, die er zum ersten Mal hörte, etwas, das ihn wie ein feines, nur aus Klängen gewobenes Spinnennetz umfing: er entdeckte zum ersten Mal die Faszination einer weiblichen Stimme.

Elide unterbrach sich, unsicher wie sie fortfahren sollte und es war, wie wenn das Wasser eines Brunnens zu rinnen aufgehört hätte: nach einigen Sekunden des Wartens in völliger Stille – und auch die Sekunden des Wartens können mit einer zermürbenden Langsamkeit verstreichen – begann sich Otto Müller zu räuspern. Seine Stimme war wirklich die eines Riesen. Tief, hohl, eigenartig gebrochen, vielleicht wegen der Erregung oder der Schwierigkeit die Worte zu finden: Französisch ist nie seine Stärke gewesen, weder in der Schule noch später, wie er am vorangegangenen Morgen festgestellt hatte. Besser für ihn wäre Englisch gewesen, aber sein Gast schien diese Sprache nicht zu kennen.

Auch er begann sich gleich zu entschuldigen. Gab zu, dass er den ganzen Nachmittag damit zugebracht hatte ein französisches Buch zu lesen, eines der wenigen, die er in der Buchhandlung gefunden hatte.

Elide unterbrach ihn:

»Die Erzählungen von Maupassant!« Otto Müller wunderte sich: wie hatte sie es angestellt, das zu erraten?

Sie schwiegen verlegen.

Beide hatten den Eindruck sich zu früh entblößt zu haben. So verflossen weitere, ewig dauernde Minuten: der Faden schien gerissen zu sein und keiner der beiden schien die Kraft zu haben, ihn wieder zu knüpfen.

Otto Müller räusperte sich erneut. Elide richtete sich auf; sie hatte schon gedacht, alles sei vorbei.

»Ich würde mich sehr geehrt fühlen … ich wäre glück-

scere il Suo nome, perdoni la mia indiscrezione...»

«Elide, mi chiamo Elide, un nome molto strano, ma mia madre ha voluto così.»

«Elide. Èlis. Non ho mai sentito questo nome ma è veramente fatto per Lei. Non saprei dire perché, ma se non ci fosse stato avrebbe dovuto essere inventato subito, alla sua nascita. Mi sono sempre chiesto quale misterioso istinto guidi i genitori a dare ai propri bambini un nome ben preciso, un nome che porteranno tutta la vita e che può diventare un destino. Io ho un figlio, ormai adulto, vive dalla morte di mia moglie a Berlino, già da otto anni. Ebbene, alla sua nascita, sentii la responsabilità di dargli un nome che gli stesse bene, forse più di quanto abbiano fatto i miei genitori con me. Posso dire che fu un problema che mai avrei risolto da solo. Se non ci fosse stata mia moglie a prendere l'iniziativa credo che quel povero ragazzo sarebbe ancora oggi senza nome!»

«E come si chiama suo figlio?»

«Heribert, ma i suoi amici lo chiamano Berti e forse è meglio così. In fondo credo che Heribert non sia adatto a lui, troppo impegnativo. Come vede, abbiamo sbagliato anche con l'unico figlio che abbiamo avuto. E Lei? Ha figli lei?»

«Vuol sapere se ho sbagliato anche io? Non ne ho avuto neanche l'occasione! Non ho figli né sono sposata.» E tacque.

Fu un silenzio assai lungo, ognuno improvvisamente chiuso nella propria solitudine, nell'intimità della propria esistenza: separati da una vita diversa, da esperienze, abitudini, passato. Da una cultura e una lingua diverse. Due sconosciuti confrontati di colpo con la loro estraneità.

lich ... ich würde zu gerne Ihren Namen, entschuldigen Sie die Taktlosigkeit ...«

»Elide, ich heiße Elide, ein sehr seltsamer Name, aber meine Mutter wollte das so.«

»Elide, Elis. Ich habe diesen Namen noch nie gehört, aber er ist wahrhaftig für Sie gemacht. Ich wüsste nicht warum, aber wenn es ihn nicht gäbe, hätte er erfunden werden müssen, gleich bei Ihrer Geburt. Ich habe mich immer gefragt, welch geheimnisvoller Instinkt die Eltern leitet, ihren Kindern einen ganz bestimmten Namen zu geben, einen Namen, den sie das ganze Leben tragen werden und der ihr Schicksal werden kann. Ich habe einen mittlerweile erwachsenen Sohn, er lebt seit dem Tod meiner Frau in Berlin, schon seit acht Jahren. Also, bei seiner Geburt spürte ich die Verantwortung, ihm einen Namen zu geben, der gut zu ihm passt, vielleicht besser als den, den meine Eltern mir gaben. Ich muss sagen, dass das ein Problem war, das ich nie alleine gelöst hätte. Wenn nicht meine Frau die Initiative ergriffen hätte, wäre der arme Bub, glaube ich, noch heute ohne Namen!«

»Und wie heißt Ihr Sohn?«

»Heribert, aber seine Freunde nennen ihn Berti und vielleicht ist das besser so. Im Grunde glaube ich, dass Heribert für ihn nicht geeignet ist, zu anspruchsvoll. Wie Sie sehen, haben wir auch beim einzigen Sohn, den wir bekommen haben, Fehler gemacht. Und Sie? Haben Sie Kinder?«

»Möchten Sie wissen, ob auch ich falsch gewählt habe? Ich habe nicht einmal die Gelegenheit dazu gehabt! Ich habe keine Kinder und bin auch nicht verheiratet.« Und sie schwieg.

Es war ein ziemlich langes Schweigen, jeder plötzlich in seiner Einsamkeit gefangen, in der Intimität der eigene Existenz: getrennt durch ein verschiedenes Leben, anderen Erfahrungen, Gewohnheiten, durch die Vergangenheit. Durch eine andere Kultur und Sprache. Zwei Unbekannte, plötzlich mit ihrer Fremdheit konfrontiert.

Elide sentì che nella sua ultima frase si nascondeva il bandolo della matassa, ciò che cercava da mesi e si ripeté „non ho figli né sono sposata: è questo che mi manca?“

«Lei ha raggiunto la meta? Ha l'impressione di aver vissuto la vita che avrebbe voluto vivere? Ha mai riflettuto su ciò che l'aspetta dopo?» Otto Müller sussultò un momento: lui non si era mai posto domande simili, „tipiche domande da donne."

«Che vuol dire giungere alla meta? Quale meta? Parla della professione, della carriera, del successo? Io ho studiato e ho avuto la fortuna di entrare in Archivio, adesso ne sono diventato direttore e fra sei anni andrò in pensione. Non so se questa fosse la mia meta. Da giovane volevo scrivere, mi interessava la storia contemporanea, la politica europea degli ultimi cento anni. Sono riuscito a svolgere questo lavoro, ho scritto anche vari libri, ho collaborato e collaboro ancora per alcuni giornali;non so però se questa sia la meta cui alludeva lei con la sua domanda. Ho lavorato e lavoro. Questa è sempre stata la mia meta. Non ho mai desiderato altro.»

Tacque un po' contrariato e non sapeva perché. Sentiva vagamente che la donna aveva posto un'altra domanda, qualcosa che andava al di là delle sue possibilità, una domanda subdola che rispecchiava l'inquietudine di chi la poneva. Provò un certo malessere e soprattutto molto fastidio. Come si permetteva di scrutare nella sua parte più intima e... a quale meta si riferiva? Perché voler scavare nella sua vita interiore, sapere oltre il necessario? Decise di non rispondere alle altre domande, troppo esoteriche per lui.

Inutili discorsi da donne che non lo avevano mai interessato.

Elide sentì la sua impazienza, il suo disappunto e si pentì di aver voluto di più, ma ormai non poteva tornare indietro:

Elide spürte, dass sich in ihrem letzten Satz die Lösung des Problems versteckte, die, die sie seit Monaten suchte, und sie wiederholte für sich „ich habe keine Kinder und bin auch nicht verheiratet: ist es das, was mir fehlt?"

»Haben Sie Ihr Ziel erreicht? Haben Sie den Eindruck, das Leben gelebt zu haben, das Sie hätten leben wollen? Haben Sie nie an das gedacht, was Sie später erwartet?« Otto Müller zuckte einen Moment zusammen: er hatte sich nie derartige Fragen gestellt, „typische Fragen einer Frau."

»Was soll das heißen, das Ziel erreichen? Welches Ziel? Sprechen Sie vom Beruf, von der Karriere, dem Erfolg? Ich habe studiert und habe das Glück gehabt im Archiv zu arbeiten; jetzt bin ich dessen Direktor geworden und in sechs Jahren werde ich in Rente gehen. Ich weiß nicht, ob das mein Ziel war. In meiner Jugend wollte ich schreiben, mich interessierte die zeitgenössische Geschichte, die europäische Politik der letzten hundert Jahre. Ich konnte diese Arbeit machen, habe auch verschiedene Bücher geschrieben, ich habe mit verschiedenen Zeitschriften zusammengearbeitet und tue es noch, ich weiß aber nicht, ob das das Ziel ist, auf das Sie mit Ihrer Frage anspielten. Ich habe gearbeitet und arbeite noch. Das ist immer mein Ziel gewesen. Ich habe nie etwas anderes gewollt.«

Er schwieg eine Weile verdrossen und wusste nicht warum. Er spürte undeutlich, dass die Frau eine andere Frage gestellt hatte, etwas, das über seine Möglichkeiten hinausging, eine hinterlistige Frage, die die Unruhe der Fragestellerin widerspiegelte. Er spürte ein gewisses Unbehagen und vor allem großen Verdruss. Wie konnte sie sich herausnehmen in seinem Innersten zu forschen und ... auf welches Ziel bezog sie sich? Warum wollte sie in seinem Innersten stöbern, mehr als das Notwendige wissen? Er beschloss auf die weiteren, für ihn esoterischen Fragen nicht zu antworten.

Überflüssiger Weiberkram, der ihn nie interessiert hatte.

Elide spürte seine Ungeduld, seine Enttäuschung und sie bereute mehr gewollt zu haben, aber mittlerweile konnte

aveva lanciato una pietra – che aveva colpito – e doveva pagarne le conseguenze. L'orco non era poi così inerme come aveva pensato; se necessario, avrebbe potuto ferire: dal tono della voce, non più insicura, rauca come all'inizio del colloquio, ma sonora e fredda quasi facesse un rapporto d'ufficio, con un sottofondo di insofferenza come quando si è costretti a rendere conto di qualche cosa contro la propria volontà, capì di colpo con chi aveva a che fare: con un uomo in carne ed ossa e niente altro. „La tipica supponenza maschile", pensò e avrebbe voluto alzarsi e andar via. Le venne freddo e cercò la propria giacca di lana che nel frattempo era scivolata accanto alla sedia. La infilò.

La luna illuminava in pieno il giardino, si potevano guardare in faccia senza nessuna ombra che nascondesse ogni più piccola espressione.

Vide davanti a sé una montagna informe di carne, due manone appoggiate alle ginocchia, anch'esse di notevoli dimensioni. Il tutto ansimante. L'uomo sembrava avere problemi di respirazione e... l'incanto cadde di colpo.

Qualcosa si sciolse. Un fantasma scivolò via nella notte: il Riemerschmied, appunto. Elide vide l'altra immagine di sé, l'Èlis inventata dall'orco, librarsi nell'aria e scomparire fra gli alberi, da naiade a creatura lunare, meglio boschiva; ninfa in fuga spaventata da un satiro immane, pronta a dileguarsi nell'aria, attratta dai raggi della luna. Inseguì quella fantastica creatura con gli occhi, e man mano che si dileguava sentiva sempre meno il potere magico che aveva tenuto imprigionati i suoi pensieri, guidato ogni desiderio, e cosa assolutamente incredibile, messo una benda sui suoi occhi! Ventiquattro ore di cecità assoluta.

„I filtri d'amore esistono veramente", concluse e si sentì

sie nicht mehr zurück: sie hatte den Stein geworfen – der getroffen hatte –, und musste die Folgen tragen. Der Riese war nicht so wehrlos, wie sie gedacht hatte; wenn nötig, hätte er verletzen können. Aus dem nicht mehr wie am Anfang des Gesprächs unsicheren, heiseren, sondern jetzt vollen und kalten Ton der Stimme, beinahe als würde er einen Tätigkeitsbericht ablegen, mit einem Unterton von Unduldsamkeit, wie wenn man gezwungen ist gegen den eigenen Willen Rechenschaft über etwas abzulegen, begriff sie plötzlich, mit wem sie es zu tun hatte: mit einem Mann aus Fleisch und Blut und nichts anderem. „Die typisch männliche Überheblichkeit" dachte sie und hätte aufstehen und weggehen wollen. Ihr wurde kalt und sie griff nach ihrer Wolljacke, die ihr in der Zwischenzeit vom Stuhl gerutscht war. Sie schlüpfte hinein.

Der Mond erhellte den Garten, sie konnten sich ins Gesicht sehen, ohne dass irgend ein Schatten irgendeinen minimalen Gesichtszug verborgen hätte.

Sie sah einen unförmigen Fleischberg vor sich, zwei auf den Knien ruhende Hände, auch diese von beträchtlicher Größe. Alles keuchend. Der Mann schien Atembeschwerden zu haben und … der Zauber zerfiel augenblicklich.

Etwas schmolz. Ein Gespenst glitt in die Nacht hinaus: der Riemerschmid eben. Elide sah das andere Bildnis von sich, sie sah die vom Riesen erfundene Elis, die sich in die Lüfte erhob und zwischen den Bäumen verschwand, als Nymphe bis hin zur Mondkreatur, besser der Waldkreatur; die von einem riesigen Satyr aufgeschreckte, fliehende Nymphe, bereit in den Lüften zu verschwinden, angezogen von den Mondstrahlen. Sie verfolgte diese fantastische Kreatur mit den Augen und sowie sie verschwand, empfand sie die magische Macht, die ihre Gedanken eingesperrt, jeden ihrer Wünsche geleitet und – absolut unglaublich – eine Binde über ihre Augen gelegt hatte immer schwächer. Vierundzwanzig Stunden absoluter Blindheit.

„Die Zaubertränke gibt es wirklich", schloss sie, und sie

gelare fino in fondo all'anima.

Si alzò completamente padrona di sé.

Otto Müller si alzò anche lui, con qualche difficoltà, come sempre.

«Madame... mi vuole già abbandonare?» E non capì il perché di quella fuga improvvisa: aveva sbagliato qualcosa?

Elide disse che era ora di andare a dormire, la notte si era fatta fresca e umida. Otto Müller si inchinò impacciato, senza proferire una sola parola.

La voce della donna non fluiva più come l'acqua di una fonte incantata. Era la voce indifferente e annoiata di una donnina capricciosa.

Elide rifletté un momento se dargli la mano, ma lui era già pronto, la manona protesa in avanti, in attesa di stringere quel passerotto palpitante. Fu così che un ammasso di carne calda, ma stranamente asciutta, avvolse per un lungo attimo la sua manina inerte, quasi gelata.

Non fu sgradevole.

Delia dormiva profondamente il classico sonno dei giusti: forse chi non dorme bene non appartiene a questa categoria di persone, aveva pensato più volte la sorella.

Elide chiuse la porta del bagno e mentre metteva il dentifricio sullo spazzolino da denti, pensò: „Se Delia si fosse chiamata Caterina sarebbe stata diversa da quella che è? Avrebbe vissuto un'altra vita? E io", e si guardò allo specchio tenendo lo spazzolino in mano, „io, mettiamo mi fossi chiamata Concetta, sarei adesso qui, in questo bagno, in quest'albergo? Con una ridicola avventura notturna alle spalle? Questa storia dei nomi mi sembra assurda."

Inaspettatamente, appena distesa sul letto si addormentò. Anche lei una giusta?

fühlte eine Eiseskälte bis in die tiefste Seele.

Sie erhob sich, völlig Herrin über sich selbst.

Auch Otto Müller erhob sich, wie gewöhnlich etwas schwerfällig.

»Madame … Sie wollen mich schon verlassen?«, und verstand den Grund dieser plötzlichen Flucht nicht. Hatte er etwas falsch gemacht?

Elide sagte, dass es an der Zeit wäre zu Bett zu gehen, die Nachtluft sei frisch und feucht geworden. Otto Müller verbeugte sich unbeholfen, ohne ein Wort zu sagen.

Die Stimme der Frau floss nicht mehr wie das Wasser einer verzauberten Quelle. Es war die gleichgültige und gelangweilte Stimme eines launischen Frauenzimmers.

Elide überlegte einen Augenblick lang, ob sie ihm die Hand geben sollte, aber er war schon bereit, die riesige Hand ihr entgegengestreckt, in Erwartung diesen bebenden Spatz zu drücken. So kam es, dass ein warmer aber eigenartig trockener Fleischberg für einen langen Augenblick ihr regungsloses, beinahe eisiges Händchen umfing.

Es war nicht unangenehm.

Delia schlief fest, schlief den klassischen Schlaf der Gerechten; vielleicht gehört der, der nicht gut schläft nicht zu dieser Kategorie von Menschen, hatte die Schwester öfter schon überlegt.

Elide machte die Badtür zu und während sie die Zahnpaste auf die Zahnbürste drückte, dachte sie: „Hätte Delia Caterina geheißen, wäre sie dann anders gewesen als die, die sie ist? Hätte sie ein anderes Leben gelebt? Und ich?", und sie sah sich im Spiegel an, die Zahnbürste in der Hand. „Nehmen wir an, ich hätte Concetta geheißen, wäre ich dann hier, in diesem Badezimmer, in diesem Gasthof? Mit einem lächerlichen, nächtlichen Abenteuer hinter mir? Diese Geschichte mit den Namen kommt mir absurd vor."

Unerwarteter Weise schlief sie ein, sobald sie sich auf dem Bett ausgestreckt hatte. Auch sie eine Gerechte?

La mattina dopo quando si svegliò, Delia era già via, si era alzata molto presto e aveva preferito fare una passeggiata lungo il fiume prima di colazione. Elide stanca, benché avesse dormito a sufficienza, si vestì con estenuante lentezza, scegliendo con cura il proprio abbigliamento. Aveva la testa vuota come dopo una grossa bevuta e qualche disturbo della circolazione: pensò che un buon caffè l'avrebbe rimessa in sesto.

Scese giù e cercò la sorella. Delia se ne stava seduta nell'ingresso all'albergo, un giornale in mano. Appena la vide si alzò e le venne incontro.

«Finalmente. A momenti svenivo dalla fame.» La sala da pranzo era vuota; solo il loro tavolo era ancora apparecchiato. Entrando scorsero accanto al piatto di Elide un mazzolino di fiori. Delia borbottò:

«Ma guarda che sorpresa!» Si sedettero. Sotto il mazzolino una busta bianca. Elide l'aprì, senza fretta. Lesse alcune frasi in lingua francese. Un saluto e un P.S. alla fine del cartoncino: „Un impegno improvviso mi costringe ad interrompere le mie vacanze. Parto col treno delle nove." Passò il biglietto alla sorella senza battere ciglio e al cameriere venuto col caffèllatte chiese un piccolo vaso per i fiori. Delia sorvolò con un solo sguardo quelle poche parole, e alzando un sopracciglio:

«Il solito vigliacco» commentò afferrando con decisione un panino.

«Un vigliacco...? No, no. Soltanto un uomo.» Mormorò Elide, più conciliante e in qualche modo rassegnata.

Als sie am Morgen darauf erwachte, war Delia schon fort; sie war sehr früh aufgestanden und hatte es vorgezogen vor dem Frühstück einen Spaziergang entlang des Flusses zu machen. Elide, müde, obwohl sie lange genug geschlafen hatte, zog sich mit entnervender Langsamkeit an, die Kleider sorgfältig auswählend. Sie hatte einen leeren Kopf wie nach einem richtigen Rausch und leichte Kreislaufstörungen. Sie dachte, dass sie ein guter Kaffee wieder ins Lot bringen würde.

Sie ging hinunter und suchte die Schwester. Delia saß im Foyer des Hotels, eine Zeitung in den Händen. Sowie sie sie sah, erhob sie sich und ging ihr entgegen.

»Endlich. Nicht mehr lange und ich wäre vor Hunger ohnmächtig geworden.« Der Speisesaal war leer; nur ihr Tisch war noch gedeckt. Als sie hineingingen, bemerkten sie neben Elides Teller ein Blumensträußchen. Delia brummte:

»Sieh an, welche Überraschung!« Sie setzten sich. Unter dem Sträußchen lag ein weißer Umschlag. Elide öffnete ihn ohne Eile. Sie las einige Sätze auf Französisch. Einen Gruß und ein Post Skriptum am unteren Rand des Kärtchens: „Eine plötzliche Verpflichtung zwingt mich, den Urlaub zu unterbrechen. Ich fahre mit dem Zug um neun Uhr." Sie reichte das Kärtchen ohne mit der Wimper zu zucken der Schwester, und den Kellner, der Kaffee und Milch brachte, bat sie um eine kleine Blumenvase. Delia überflog mit einem einzigen Blick die wenigen Worte und eine Augenbraue hochziehend kommentierte sie:

»Der übliche Feigling«, und nahm entschlossen ein Brötchen.

»Ein Feigling ...? Nein, nein. Nur ein Mann«, murmelte Elide, versöhnlicher und irgendwie resigniert.

Indice

Inhaltsverzeichnis

Altri libri di Ada Zapperi Zucker in lingua italiana

Un'infanzia quasi felice
Racconti
2018, 144 pagine, 10,80 €

I padri assenti
Due racconti
2017, 196 pagine, 11,80 €

La casa del nonno
Romanzo
2016, 264 pagine, 13,80 €

La Cucchiara
Racconti siciliani
2015, 174 pagine, 12,80 €

Un giorno a Bolzano
Quattro racconti e frammenti di una biografia
2013, 224 pagine, 11,80 €

La scuola delle catacombe
Racconti sudtirolesi
2013, 224 pagine, 9,80 €

Teatro di ombre
Romanzo
2012, 200 pagine, 14,00 €

Le inquietudini della sora Elsa
Racconti
2011, 176 pagine, 13,00 €

Il silenzio
Romanzo
2009, 160 pagine, 12,00 €

Andere deutschsprachige Bücher von Ada Zapperi Zucker

Das Haus in der Widenmayerstraße
Roman
2017, 296 Seiten. 13,80 €

Das Unbehagen der Sora Elsa
Erzählungen
2016, 214 Seiten, 13,80 €

Ein Tag in Bozen
Vier Erzählungen und Fragmente einer Biographie
2014, 224 Seiten, 13,80 €

Theater der Schatten
Roman
2013, 256 Seiten, 11,80 €

Die Katakombenschule
Erzählungen aus Südtirol
2013, 248 Seiten, 11,80 €

Das Schweigen
Roman
2010, 168 Seiten, 16,80 €

Überschneidungen
Punti d'incroci
Ester Cecere
Erzählungen / Racconti
2018 (Juni/Giugno), 11,80 €

Von Sizilien in die Toskana
Dalla Sicilia alla Toscana
Lorella Rotondi, Ada Zapperi Zucker
Erzählungen / Racconti
2017, 164 Seiten, 11,80 €

Über Frauen und andere Geschöpfe
Storie di donne e altre creature
Ada Zapperi Zucker
Erzählungen / Racconti
2015, 128 Seiten, 11,80 €

Gedruckt im Juli 2018
Stampato nel mese di Luglio 2018
BoD, D-22848 Nordstedt

FSC
www.fsc.org
MIX
Papier aus verantwortungsvollen Quellen
Paper from responsible sources
FSC® C105338